たべるクリニック

改訂文庫版

たなか れいこ

はじめに

日々のごはんを自分で作るようになったのは二十八歳の時、一年間ほど暮らしたニューヨークでのことでした。ニューヨークでは友達と持ち寄りパーティーをすることが多く、私もチャイナタウンまで自転車を飛ばし、サバを一尾まるごと買ってきて料理に挑戦することにしました。その頃はおろす技術などないのでお腹の中だけを何とか出し、そこにショウガと長ネギを適当に刻んで詰め、アルミホイルに包んでオーブンで焼いただけのごく簡素なもの。しかし持っていくと、これが予想外の大好評。アメリカ人は誉めるのが上手なので、それからというもの料理が楽しくなりました。

ニューヨークから戻ったのは三十歳の時。帰国してすぐ、出会って一ヶ月の今の連れ合いと結婚をしました。ニューヨークに行く前はコマーシャルのスタイリストをしていたのですが、結婚した頃は仕事を再開しておらず時間があったので、私が食事を担当することになりました。

スーパーで野菜を買ってくるのですが、何だかピンときません。美味しさが感じられないのです。美味しい野菜はないものかと探している時、知人が「これとっても美味しいよ」とくれたのはシナシナのホウレンソウ。「こんなホウレンソウ、本当に美味しいの？」半信半疑のまま洗いゆでてみると、びっくり。色も鮮やかなピンピンのホウレンソウに大変身したのです。そしてとびきり美味しいことに、これまたびっくり。訊《き》けば無農薬有機栽培のホウレンソウとのこと。私の頭に〈無農薬有機栽培＝美味しい！〉がインプットされた瞬間でした。この日以来、美味しい食材とはどんなものなのかを探究することが面白くなっていきました。

こんなに面白いこと、ずっとしていたい。そうだ、仕事にすればずっと食べ物のことを考えていられる。そう気がついた私は、ほとんど料理の経験もないのにニューヨークのパーティーで出会ったケータリングサービスの形を参考にして、食の仕事を始めてしまったのです。そして、その頃から無農薬有機栽培の農家とのおつき合いも始まりました。

初めての仕事は友人の現代アートギャラリーのオープニングパーティー。そこから、建築家やアパレル関係の方々に少しずつ声をかけてもらえるようになり、数百名分のケータリングをするようになりました。料理など習ったこともなかったのですが、パーティーの主催者の意向を料理で具現化することは、根本的なところはスタイリストの仕事と大きな違いはありませんでした。食いしん坊の私には、畑から届く美味しい旬の野菜、ちゃんとした調味料を使えば必ず美味しい料理はできるという確信がありました。

本物の食材を使った私のケータリングは少しずつ評判となり、数年後、南青山でレストランを開くことになりました。出すものは旬の食材を使った、その日のお任せコースのみ。場所柄、お客さんはマスコミ関係、クリエイター、役人といった人が中心で、仕事がらみの接待がほとんどでした。席に着いた時は緊張した顔をした人も、食事が終わる頃には顔がゆるんでフニャフニャの笑顔。料理が残っていたことも、二名を除いてありません。

こんな経験から、旬の健康な食べ物は緊張をほぐし、自然に笑顔が出てくるほど幸せにするのだと実感しました。お客さんからは「こんな複雑な味の美味しい料理、さぞかし手がかかっているのでしょうね」と言われることもしばしば。本物の食材には力があるので、面倒な調理をしなくても、ほんの少し手を加えるだけでとびきり美味しくなるのです。そのことを一人でも多くの方に伝えたくなり、一九八五年に「たなかれいこのたべもの教室」を始めました。そして一九九九年からは長野県蓼科《たてしな》高原で無農薬・無肥料・不耕起（畑を耕さず、肥料をやらない栽培法）で野菜を育てるファームも始め、そこで「畑と森のたべもの教室」も開催しています。

教室を始めて十年が経った頃から、私が普段使っている食材や調味料の通販を始めました。その会員の皆さんに向けて毎月おたよりを発行しています。それには私が経験したこと、感じたこと、実践していることをつたない文章で綴っています。教室は、私が提案する食べ物を実際に口にすることで、フニャフニャの笑顔になり、健康も得られ、料理への抵抗がなくなるなど、皆によい波紋が広がっています。

通販会員の皆さんには文章で伝えているのですが、暮らしや健康のお役に立っているようです。丁寧に数年分を保存して、折にふれ読み返している方も多いようで、まとめて読みたいとの嬉しい声をたくさんいただくようになりました。そこで、それまでのおたよりから大切な内容を厳選し、一冊の本にまとめました。

それから十年が経過しましたが、私が綴った思いとは裏腹に、食や暮らしを取り巻く環境は、年を追うごとによくない方向に向かっているように思えて仕方がありません。久し振りに読み返してみて、私が伝えたいことの根本はずっと変わっていないことを発見したのと同時に、十年で時代は大きく動いていて、私が皆さんに伝えたいことと、その表現方法が少しずつ変わってきたことにも気がつきました。

二〇一二年に出版した『たべるクリニック』の内容を元に、大幅に加筆し、私がこれから先もずっと伝え続けたい、本当に大切な食と暮らしの基本を真剣に見つめて、新たに仕立て直したのが本書です。

同じ季節には似たような内容になってしまうのですが、綴り続けてみて、かえって繰り言のようなおたよりが、皆さんの暮らしにゆっくり着実に定着していったことがわかりました。たとえば、冷えや自然治癒力の話は何度も登場します。同じ題材でもその年の気候によって違いがありますし、ちょっとくどいと思われても、皆にぜひとも知ってもらいたい大切な話なのです。そんな具合ですので、最初から順に読まずとも、目次を見て興味のあるところからつまみ読みしていただけたら嬉しいです。

本書が理屈ではない、あたりまえの食と暮らしのヒントになったとしたら嬉しい限りです。

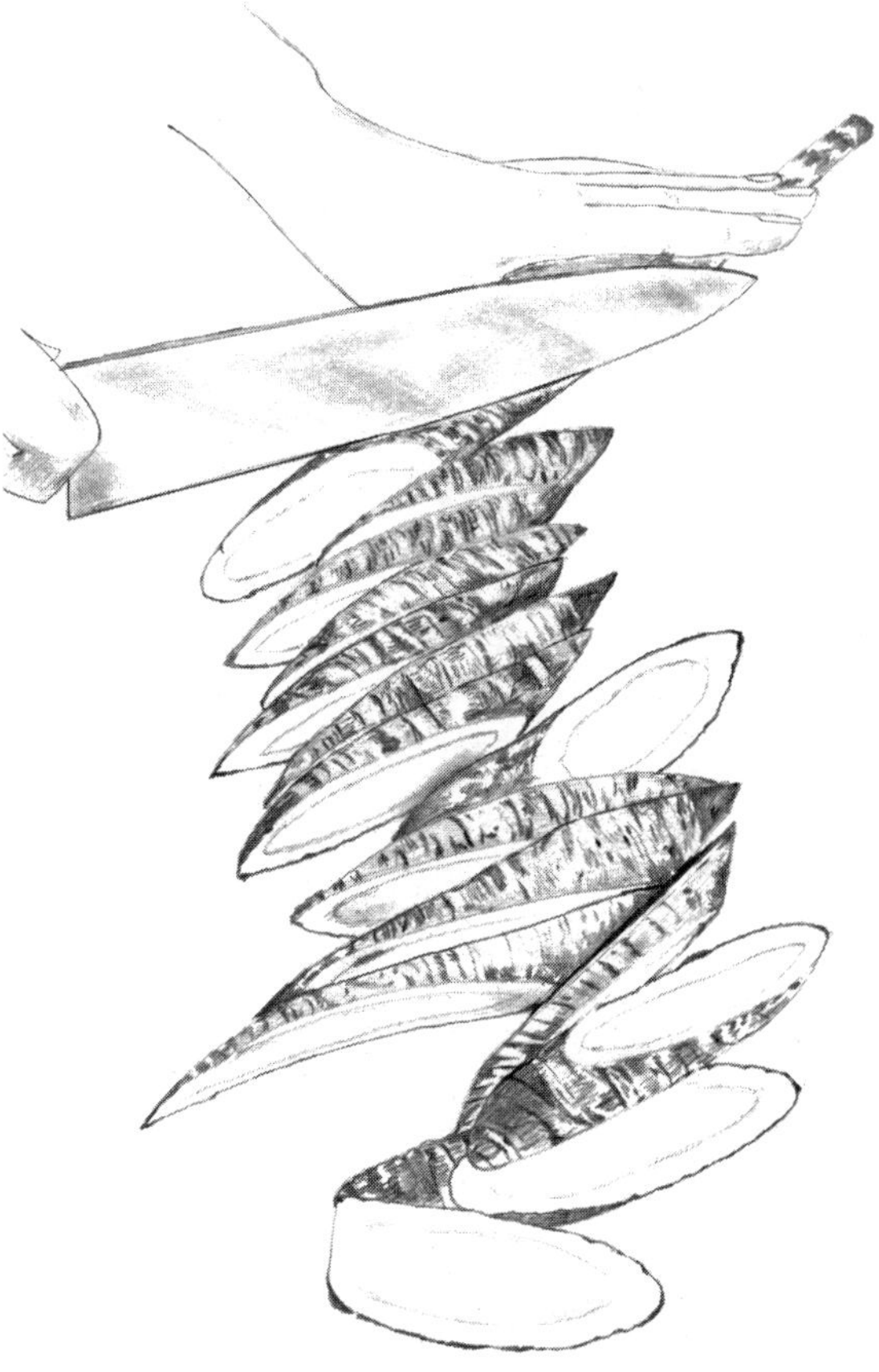

天才力を目覚めさせよう

食べ物にかかわる仕事を始めて四十年になろうとしています。師匠もいなければ、専門の学校にも通ったことがなく、根がぐうたらなので本で勉強したこともありません。いかなる時も試作などせず、いきなりパパっと無意識に、適当に料理をしますが、ぴったり味が決まり美味しく出来上がるので「私って天才だ！」と思っています。もちろんアインシュタインが天才というのとは違う意味です。

我が半生をふり返ると、幼い頃より病弱で、小学校からまともに通学できませんでした。九九もローマ字も、ほとんど授業に出ていないので今でも苦手なままです。高校は出席日数が足りず卒業に四年かかりましたが、それでも半分も出席していません。小さな頃からこんな感じでしたので、学校で知識を学習しそびれ、自分の天性の能力にたよって今日まできてしまいました。

先日、ある陸上選手を特集した番組が放送されていました。彼はたゆまぬトレーニングで得た驚異的な大腰筋の持ち主なのですが、大会でライバルを意識して速く走ろうとすると筋肉が萎縮して、並外れた歩幅が縮んでしまうのだそう。無意識で走る肉体は脊椎からの信号で筋肉が動くのですが、意識すると脳が速く走らねばという指令を出すため、脊椎からの信号が阻害されて筋肉が硬くなり、本来の力が出せなくなるのだそう。つまり脳で考えるより、無意識の方が本来の力が出せるというのです。

幸か不幸か、アカデミックに学びそびれた私は無意識で物事に対処してきたために、人間が太古から備えている天賦《てんぷ》の才（天才力）が鍛えられたのではないかと思っています。今の日本の教育は思考する力を育てるのではなく、知識を覚えさせるやり方です。過度な情報化時代により頭で知識を操って暮らし、体と意識は忘れ去られているのではないでしょうか。

料理にしてもそれぞれレシピがあり、大さじ何杯など、詳しすぎるくらい丁寧に指南されています。しかし計量することで微妙な味加減は削がれてしまいます。

食材一つとっても、自然に沿って育てられた野菜は味も様々です。それに加え、日によって気温も食べる人の体調も色々なので、調味料の量にもかなり差が出てきます。

そんなことを言われても、レシピの分量通りでないとできないと思われる人は多いと思います。料理において天才力を発揮させるためには、初めに作り方を読んで出来上がりの味をイメージしたら、レシピを閉じて料理をしてみてください。分量はあくまでも目安。この方法をしていると、やがて天才力が目覚めます。そして、いつしかレシピがなくても料理が自然にできるようになります。

私がやっている教室には、高学歴で責任ある立場の方も多いのですが、秀才タイプほどレシピにたよりがちです。そんな一人が医師のKさん。私が塩も醤油も計量せず適当に調理するので、初めはとても驚いていましたが、今ではすっかり適当に慣れたようです。頭のやわらかい人なので、今では医学的見地では常識でないことも患者さんにアドバイスをしているそうです。

学ぶことを否定するつもりはありません。しかし身につけた知識や理論を一度自分の中で咀嚼《そしゃく》して飲み込んだら捨ててみてください。そうして天才力（感性）を発揮していくと、結構色々なことが楽にうまくこなせます。料理はレシピを見て材料を揃えるものではありません。旬の食材の力を信じ、まっとうな塩・醤油・味噌・油・酢などの調味料の力を借りると、日々の料理は簡単に美味しくなります。その上、健康にも。私みたいな極端な経歴でなくとも、どなたにも天才力は備わっています。

本物の食べ物は人生を変える

著名な脳学者が「二十一世紀は体の時代、感性の時代。情報をバーチャルに操作するのではなく、直接自分の体で体験したことを通して感じ、発見し、考える」と話していました。今まさに日本の社会は、振り子の揺り戻しのように、自分の体で直接感じることを渇望する人が増えてきたのではないでしょうか。

頭の中で思い描く料理は自分しか表現できないので、料理をする人になって切れ味のいい包丁で切ってみる。素材が違うと切る時の感覚が違い、うまく切れると気持ちがいい。色々な食材を手で触れると、手が美味しいと感じる。ガスの火を操り鍋に向かうと面白く、こんなにも楽しい作業は他にないと思う。根がぐうたらなので簡単な料理ばかり。でも出来上がったものを食べると心底元気になる、舌も体も喜ぶ料理。

こんな私の体験を教室の皆さんに伝えています。これまでほとんど料理をしたことがない人も多いのですが、簡単・快感料理を楽しんでいます。私と同じく皆食いしん坊です。年齢は二十代から七十代までと様々ですが、世代が違っても不思議と違和感なく、和気あいあい。そして何よりこの仕事をしていて嬉しいのは、皆の感性にどんどん磨きがかかっていくことです。美味しく質の高い食べ物を体験することで、味覚が研ぎ澄まされていくのです。

これは食べ物の素材力のなせる技です。本物の食べ物に触れると人生が変わります。ちょっと大袈裟に聞こえるかもしれませんが、私も本物の食べ物との出会いで人生が変わり、今も進行中です。

視覚・嗅覚・触覚・聴覚、皆すごい感覚を持っています。でも味覚は全身の細胞に、考える脳に直接伝わります。食べることを大切にするというのは、自分を大切にすることです。でもそれは、毎日きちんと調理することではないと思っています。たとえばちゃんと育った旬のダイコンは、バリッと割って自然海塩をつけただけでもとびきり美味しく、それだけで大満足できるごちそうなのです。

ぐうたらスローフードのすすめ

よい食べ物を日常に取り入れていくと、年齢にかかわらず誰でも元気になります。食が変わると生活が変化します。数品でも自分の手を動かして作るだけで、日々の食事が楽しくあたたかくなるのです。食の仕事を通してそれを実感してきました。

スローフードという言葉をよく聞くようになりました。伝統食や調理法を守り、食事をゆっくり味わうことを意味するようですが、スローフード的生活とは、手の込んだ料理を作ることではありません。

私は一般的なイメージとは違うぐうたらスローフードをすすめています。忙しくて食事を作る時間が取れない、たまに作っても材料が余ってしまうなど、スローフード的生活を実践するには課題がたくさんあると思います。しかし日々口にするものを自身の手で作ることができるようになれば、必ずよい結果が得られます。一度その楽しみを知ってしまったら、元の食生活には戻れなくなるでしょう。

　手間をかけて料理することが美しいライフスタイルである。そんなふうにもてはやされていることも気になります。調理に労力をかけるのではなく、食材の質にこそこだわるべきです。食材の質がよければ、あれこれしなくても舌や体に滋味は届きます。良い食材はむしろ、簡素な調理法の方が本来の味が楽しめるものなのです。

　今月の教室では、育ちすぎたニンジンでピュレスープを作りました。鍋に乱切りにしたニンジンとヒタヒタの水を入れ、フタをしてやわらかく煮ます。そしてハンドミキサーでピュレにして、自然海塩を少し加えます。それを器に盛りつけ、白ごまを炒ってパウダーにしたものをティースプーン一杯添えるだけ。こんな簡単メニューですが、皆さんまずはニンジンのオレンジ色に、そして深みのある美味に感動。食後は体の中からじんわりあったか幸せ。このピュレスープは炒めたタマネギもクリームも一切不要で、ニンジンの底力だけで舌のすみずみまで満足させてくれるのです。

質の高い食材の力にゆだねれば、驚くほど簡単に美味しい料理ができるので、億劫にならずにキッチンに立つことができます。季節折々、旬の食べ物はまさに盛りの美味しさで、胃袋も心も満たしてくれます。そして健康にも導いてくれる、一石二鳥どころか一石何鳥ものお得を手にすることができるのです。

レシピにたよらない料理法

レシピという単語はいつ頃から世の中に浸透したのでしょう。そんなに昔からではないのに、今日大勢の人が料理をする時に必要としています。仔細な分量と、何分くらい火を通すかなど作り方を丁寧に指南してくれるレシピは素人からプロまで、あらゆる料理で目にします。

玉村豊男氏は著書『料理の四面体』の中で「世界の料理は、焼く、煮る、蒸す、炒めるという調理術で串刺しにすると、各地の食材の違いこそあれ、ほぼ共通している」と記していました。初めて読んだ時、見事に料理の本質を分析した内容に、その通りだと共感したことをよく覚えています。

その日の気候により調味料の量は変わります。味見して美味しいと感じるのが適量です。レシピ通りでは微妙なその日に合った味は表現できません。時にレシピにある分量の二倍か三倍がぴったりのこともあります。

流行りの新しい食べ物が引きも切らずに登場しています。その季節に採れるあたりまえの食材を、代わり映えもしない調味料で料理をして「あぁ美味しい」と日々満足している私には、それが疑問でなりません。

皆が新しい食べ物を渇望するわけは、調理法ではなくその大元の食材や調味料に原因があるのではないでしょうか。化学薬品を調合した粉で、食べ物のような味と香りを安価で作ることができるそうです。薬品まみれの野菜や家畜は、命を繋ぐ食べ物ではなく、食べ物もどきです。食べ物は細胞一つひとつに置き換わる大切な生命の元です。もどきをいくら食べても細胞は飢えていて「もっと美味しいものを」と叫んでいるように思えてなりません。

満足できる美味しさは、健やかな田畑から収穫された米や野菜、まっとうな調味料で料理してこそ得られます。体の数十兆個の細胞に、必要としているものがしっかり届くので、毎日同じ食材が続いても心の底から美味しいと満面の笑みで言えるのです。

本当に美味しいお米で炊いたごはんを、自然海塩でおむすびにすると一番よくわかります。健やかであたりまえの食べ物で料理すれば、心と体の健康も手に入れられるのに、どうして皆遠回りをするのでしょう。そうこうしていると体の細胞が悲鳴を上げて、重大疾病にもなりかねません。結局は大金を使うことになってしまうのです。

美味しく食べて体をあたためよう

昨今、ほとんどの日本人が冷え性といっても過言ではありません。季節に合っていない食べ物をはじめ、現代社会は体を冷やす要因が溢れているので、冷えない方が不思議なくらいです。寒さを感じていないからといって、冷えていないわけではありません。冷えを感じる場合はまだ症状が軽いのですが、本当に深刻なのは、自分が冷えていることを実感できないほど冷えてしまっている人。全く冷えを感じないのは、体が鈍化しているからなのです。冷え性は女性のものと思われがちですが、低体温の男性も近年急増しています。

冷えは万病の元といわれていますが、肌荒れ・頭痛・肩こり・生理不順など、多くの方が抱えている様々な体の小さな不調の原因の多くは冷えからきています。これらの症状に一つでも当てはまる人は、確実に冷えています。

そのまま放っておくと大きな病気へと進んでしまいますが、冷えを改善することで多くの悩みが解消されます。冷えが軽減されると気持ちがよくなるだけではなく、次第に持久力もつき、体の不調も徐々に消えていきます。健康が保たれしっかり睡眠が取れれば、疲れていても体力は回復し、健やかでいられるのです。

腸内温度が常に三七・二度に保たれていると栄養をしっかり吸収し、老廃物をきちんと排泄することができます。脇の下で体温を計って三六・三度の時に体内の深部温度が三七・二度といわれています。恒温動物の人間は深部体温が少しのことでは変わらないようにできていて、一定に保たれていれば健康でいられます。

体温が下がることは人体にとって緊急事態であり、三五度近くになると体表が発熱します。体表が発熱すると手足が熱く感じるようになるため、当人はただの暑がりだと勘違いしてしまうのです。冷えているかどうかを判断する場所は、手足ではなくお腹です。胃腸のあたりを触ってみて、いつも中からホコホコとあたたまっているかを確認してください。たとえ手先や足先がカッカッと熱くても、お腹のあたりがひんやりしている場合、体の中は確実に冷えています。

体の様々な器官を調節する自律神経は、体が活動する時に働く交感神経と、休んでいる時に働く副交感神経があります。この二つのバランスが悪くなると免疫力が低下して疲れやすくなり、落ち着きがなくイライラしてきます。その働きを正常にするには体を冷やさないことが重要です。

たとえば、体温が一度下がると免疫力は三〇～五〇%下がるといわれています。ガン細胞は三五度で最も活発になり、三九度で死滅するといわれています。病気を引き起こす菌なども、低体温になると活動が盛んになります。

体が冷えると血流が悪くなり、そうなると代謝も悪くなりむくんでしまいます。温泉でゆっくり芯からあたたまると笑顔になりますが、この状態を常に保つか、冷えて厳しい顔をしているかでは、人生の先行きが大きく分かれます。

体は口に入れた食べ物からできています。体の冷えに関しても、食べ物が何より大切です。季節に合った旬の食べ物を、塩・醤油・味噌・油・酢で簡単に料理をして、美味しく食べて体をあたためましょう。

旧暦こそ季節に合っています

父は俳句をたしなんでいて、折々の老境をしたためることを楽しみとしています。娘の私はいつも食い気優先で、粋な世界とは縁遠い暮らしですが『日本大歳事記』という布地で装幀された分厚い俳句の参考書を父の本棚に見つけ開いてみたところ、春の項目からすっかり魅せられてしまいました。俳句には季語がありますが、この本には暮らしを取り巻く自然・天文・地理・動物・植物・行事が詳しく記されていて、たとえば春に関する言葉は、次のように紹介されています。

一　立春《りっしゅん》　初めて春の気配が現われてくる日。春風が吹いて氷が溶け始める、東風解凍。太陽が黄経三一五度に位置する。二月五日頃。

二　雨水《うすい》　あたたかさに雪や氷が溶けて蒸発し、雨水となって降り注ぐ日。太陽が黄経三三〇度に位置する。二月二十日頃。

三　啓蟄《けいちつ》　大地もあたたまり、冬の間地中にいた虫がはい出てくる日。太陽が黄経三四五度に位置する。三月六日頃。

四　春分《しゅんぶん》　太陽が春分点に達して昼夜の時間が等分になる日。三月二十日頃。

五　清明《せいめい》　草木が芽吹き出して、何の草木かが明らかになってくる日。太陽が黄経一五度に位置する。四月四日頃。

六　穀雨《こくう》　春のあたたかい雨が降って、穀類の芽がのびてくる日。太陽が黄経三〇度に位置する。四月十九日頃。

このような言葉で春が六つに分けられています。現代のような科学的データはなかったはずなのに、何と見事な暦を持っていたのでしょう。

太陽暦では、新年は一月から始まり、季節を感じるのは自然からではなくなってしまいました。食べ物もスーパーの棚には一年中何でも揃っていますし、あまりにも早いはしりのものばかりで、本当の旬がわかりません。

自然に沿った畑の野菜の生育を見ていると、日本古来の旧暦の方が違和感がありません。たとえば七月一日は旧暦では五月二十三日、八月十五日は旧暦で七月九日です。自然と呼応している体も一緒です。パッと次の新しい季節に移るのではなくゆっくりと移行し、食べ物ははしりを求めず、日本の自然に沿った旬をいただきたいものです。

参考に、野菜と果物の旬の時季を紹介します。地域の記載がないものは全てビニールハウス・ビニールマルチ・肥料・農薬を使わない、自然に沿った作り方での、関東地方における収穫時期です。旬が二つの季節あるものもあります。

・春

菜の花（三月）・あさつき（三月）・ミツバ（四月）・カブ（四月〜六月）・リーフレタス（四月〜五月）・レタス（五月）・フキ（五月）・ルッコラ（五月〜六月）・キャベツ（五月〜六月）・空豆（五月〜六月）・グリーンピース（五月下旬〜六月）・ニンジン（六月収穫、貯蔵可）・ニンニク（六月下旬）・インゲン（六月下旬〜七

月）・甘夏ミカン（愛媛県／三月中旬～四月中旬）

・夏

タマネギ（七月収穫、貯蔵可）・ジャガイモ（七月収穫、貯蔵可）・ズッキーニ（七月～八月）・空芯菜（七月下旬～九月中旬）・万願寺トウガラシ（七月下旬～九月）・モロヘイヤ（七月下旬～九月）・キュウリ（七月下旬～九月）・青シソ（七月下旬～九月）・ピーマン（七月下旬～十月）・トマト（八月～九月）・ナス（八月～十月）・スイカ（八月中旬～八月下旬）・オクラ（八月～九月下旬）・トウモロコシ（八月～九月上旬）・ゴーヤ（八月～九月）

・秋

カボチャ（八月末収穫、貯蔵可）・サツマイモ（九月収穫、貯蔵可）・枝豆（九月～十月）・ゴマ（九月～十月）・大豆（九月～十一月）・ブドウ（山梨県／九月～十月）・長ネギ（九月下旬～二月）・ルッコラ（十月～十一月）・レタス（十月下旬〜十二月）・リーフレタス（十月下旬〜十二月）・ニンジン（十月収穫、貯蔵可）・サトイモ（十月収穫、貯蔵可）・ショウガ（十月収穫）・レンコン（十月〜三月収穫）・キャベツ（十月〜十一月）・エゴマ（十月〜十一月）・リンゴ（青森県・北海道／十月〜二月）・ダイコン（十一月〜三月上旬）・ブロッコリー（十一月下旬〜一月）

・冬

ゴボウ（十一月収穫、貯蔵可）・ホウレンソウ（十一月〜二月）・ハクサイ（十一月〜三月）・小松菜（十一月〜五月）・長イモ（十一月収穫）・八つ頭（十一月収穫、貯蔵可）・ターサイ（十一月〜三月）・キクイモ（十一月収穫、貯蔵可）・春菊（十一月〜三月）・ヤーコン（十一月収穫、貯蔵可）・カブ（十二月〜二月）・レモン（愛媛県／十一月〜四月）・温州ミカン（愛媛県／十二月〜一月中旬）

冬を続けましょう

立春は迎えたものの厳しい寒さや大雪で、春とはやはり暦の上のこと、冷え込む毎日です。人間も動物であり自然の一部。人間の体は、たとえ都会に暮らしていようとも、季節と呼応しています。特に四季のある日本では、季節の移ろいの影響を受けます。アスファルトで鋪装された道路やビルに囲まれていても無関係ではいられません。エアコンや衣類での調整だけではなく、体の内部から季節に呼応するように食べ物を工夫すると、どの季節も心地よく暮らすことができます。

季節は急に変わるものではなく、少しずつ移ろいゆくものです。人間の体も同じで、少しずつ変えていく方が負担になりません。たとえば、夏に向けての体のあたたまり具合は、地面の温度（地温）と呼応しています。梅雨の合間や梅雨明けに一瞬暑くなることがありますが、その時、地面はまだあたたまっていません。

梅雨が明けて十日から二週間が過ぎてからやっと地温も上がり、その頃になってようやっと体の中からあたたまってきます。そして、季節の進み方、移り変わりの時季は毎年変化します。

ふきのとうから始まる春の食べ物は、その苦味で不活発だった内臓に刺激を与え、繊維質で腸の掃除をしてくれます。そして新芽のエネルギーで体を活き活きさせてくれます。冬の間に溜め込んだものとお別れして早く身軽になりたいところですが、春が旬のものには体をあたためる作用はないので、冬の名残りの根菜も合わせて食卓にのせていくことが大切です。

寒さが苦手な私ですが、季節折々の食べ物を美味しく食べているうちに、手足が冷えることもなくなりました。それでちょっと油断をして、冷凍しておいたトマトソースを使ってシチューを仕上げてしまいました。クックッ煮えたシチューはとっても美味しく、フーフーいいながらごきげんにいただいたのですが、翌日から体の芯にまるで凍った金属棒が入っているかのように冷えてガチガチで、寒くてかなわない感覚が続いています。

トマトは暑い季節の食べ物で、体を冷やすものです。三十年以上、冬に口にしたことはなかったのですが、ふとトマト味にしたくなり季節外れに使ってしまいました。一部例外もありますが、暑い時季、暑い地域で採れるものは体を冷やし、寒い時季、寒い地域で採れるものは体をあたためます。つまり季節や気候と体は呼応しているのです。まずは正しい季節と、本当の収穫時期を知ることから始めましょう。季節に合ったものを食べるようにするだけで健康の基本が作られます。

カレーを食べると熱くなり汗が出るので、体をあたためてくれるものだと思い違いをしている人が多いと思います。スパイスを食べて汗が出るのは、体を冷やすためです。カレーだけではなく、暑い地域で使われるスパイスを使ったほとんどの料理や、熱帯が産地の果実やコーヒーは体を冷やします。

汗が出るスパイス料理は本来、熱帯地域に暮らす人たちが体を冷やすために食べるものなのです。一年中食べる人もいますが、日本の気候では、カレーは真夏の食べ物です。地域によって多少の差はありますが、カレーは梅雨明け十日後から、ノースリーブで過ごせるくらい暑い間だけにしておくと健やかに過ごせます。

野菜と同様、果物も旬のものをいただくことが大切です。たとえばモモやスイカは本来、一番暑い盛夏にできるもので、真夏の太陽でほてった体を冷やしてくれる食べ物。梅雨も明けないうちから食べると冷えすぎてしまうので、夏を快適に乗り切れない上、お肌にも大敵です。

学生時代、真冬でも起き抜けのコーヒーに始まり、レタスやキュウリが入ったサンドイッチやトマトいっぱいのイタリアンを平気で食べていました。それらを食べても寒さを感じなかったのは、体が鈍化していただけなのです。冷え性が改善されてからは、食べ物がどのように体や心に作用するかをじかに感じ取れるようになりました。

気持ちはそろそろ冬に別れを告げたいところですが、食べ物はしばらく冬を続けて、季節の先取りをせずじっくりと春の体に変えていきましょう。初々しい春の旬を楽しみつつも、体をあたためる食べ物でしっかり調整して冷えないようにすることが肝心です。二〜三月の早春に冷えないように気をつけると、梅雨の時季や夏の暑さも平気で、気分よく一年を過ごせます。

夏を健やかに過ごすために

長期の天気予報では残暑が厳しいそうです。すでに梅雨らしからぬ暑い日が続いて、体調を崩している人もいるのではないでしょうか。夏バテは睡眠不足・よくない水分の取りすぎ・食欲不振と負の方程式があるように思います。暑い最中、健やかに過ごすには水分を補給しなければいけませんが、冷えた甘い物を取り続けると体の細胞、特に内臓が膨張してしまい、食欲がなくなっていきます。

まずは朝一番、胃にたまらず全身にゆき渡るよい水をカップ一杯、六〇～九〇度に沸かして飲みます。塩を小さじ半分ほど入れると美味しくいただけます。その後はキュウリやトマトをたっぷり食べます。これらはゆっくり体に水分を補給してくれるので水分疲れをしません。そして、冷却効果がある生のミントの葉にお湯を注いでミントティーを作り、メープルシロップで甘くしていただきます。

メープルシロップはビタミンとミネラルが豊富で、特にカルシウムを多く含む食品です。甘味もあっさりしていて、口の中がさわやかです。ミントティーは熱いまま飲んだり、常温に冷ましていただきます。

日本の夏には果物が適しているのですが、最近は甘くするために色々と技術を使っているので不自然な甘さのものも多く、果糖の取りすぎになってしまいます。その代わりに私は、お風呂上がりなどで暑い時、ミカンジュースを飲みます。ミカンをつぶしてジュースにしたくらいの濃さのもので、冷蔵庫でよく冷やしていただくのですが、冷たさが直接胃にこないところが気に入っています。

水分や甘い物、果物の取りすぎで夏バテ気味という時は、三年番茶に醤油と梅干しを入れて飲んでください。心が落ち着く上、梅のクエン酸の働きで頭もスッキリします。

水分とともに、塩分の補給も大切です。自然海塩やこれを使った加工品は、ミネラルバランスが取れるので、ほしいだけ食べても塩分の取りすぎの弊害はありません。外出時には、個別包装した炭火焼き梅干しをバッグに入れておき、塩分がほしい時に口にすると元気に過ごせます。

ごはん粒がのどを通らないくらい食欲がない時には、ゆで上げた冷や麦がおすすめです。煮干しのだしをきかせ、ナスなどをザクザク切って加えてよく煮込み、自然海塩少々と醤油をたっぷりかけます。さらにバルサミコ酢を少し加え、そこにゆで上げた熱々冷や麦を入れて、薬味にハリショウガをのせて、フウフウ言いながら召し上がってください。

料理では、夏はスパイスの出番が多くなります。元々スパイスは種々の薬効があるものです。腐敗菌の増殖や病原菌の発生を抑える防腐作用、カビや酵母の発生を抑える作用、油脂類や体内脂質の酸化防止作用、消化酵素などの働きを活性化する健胃整腸作用などがあります。これらは暑い日本にぴったりの効果ばかりです。暑い日々、インド風・タイ風と様々な味を楽しみながら、美味しい食事で健康にお過ごしください。

穀物で元気に

この夏をふり返ると、あんなに暑かったのにカレーをあまり食べませんでした。残暑が厳しかった年には週に何度も食卓に登場しました。梅雨明けがのびにのび七月いっぱいまで冷夏で、急な梅雨明けから記録破りの猛暑が続き、暑い暑いと言っていた割には体の中まで夏になっていなかったからだと思います。

暑いのに冷えている状態はファームにいるとよりはっきりと感じます。野菜の発育には気温だけでなく地温が大きな影響を与えます。特に夏野菜は地温が上がらないと成長しません。ファームは草で覆われていますがビニールマルチで地面を被覆《ひふく》しておらず、ビニールハウスは雨をよけるために上部にビニールを張っただけのものです。そんな具合なのでビニールマルチを施し化学肥料を使っている近所の畑で作物がぐんぐん成長していても、大きくならないまま八月が終わってしまいました。今年はダメかと思っていたら九月に入りエネルギーが爆発でもしたかのように勢いよく、今までの遅れを取り戻すかのごとく急成長しました。八月の猛暑でやっと地面があたたまり、折を見て大きくなったのでしょう。

私が夏を健やかに過ごせている大きな要因は、穀物を一日一回は食べているからだと思います。穀物は体の中から体温をゆっくり上げてくれます。白いごはんでもいいですが、五分搗《づ》き米を中心に、時にひえ・きび・押麦を混ぜていただきます。玄米も時々炊き、五分搗きごはんと玄米ごはんを半分ずつ盛り合わせます。

九月はまだまだ夏野菜の名残りがいっぱいです。同じ夏野菜でも、夏の盛りと秋口で調理法を変えると、季節の体に合う料理ができます。たとえばナスは、秋に入ったらだし汁をきかせてじっくり煮物にして、仕上げに醤油を使います。夏野菜はカリウムがいっぱいで、それが体を冷やしてくれるのですが、これからの時季は火を通し、醤油をたっぷり使った味つけにすると調和が取れます。

暑い夏にもごはんを食べていると底力がつき、秋からの体力に差が出ます。穀物が持つ栄養とパワーをいただき、健やかな体で秋を迎えたいものです。

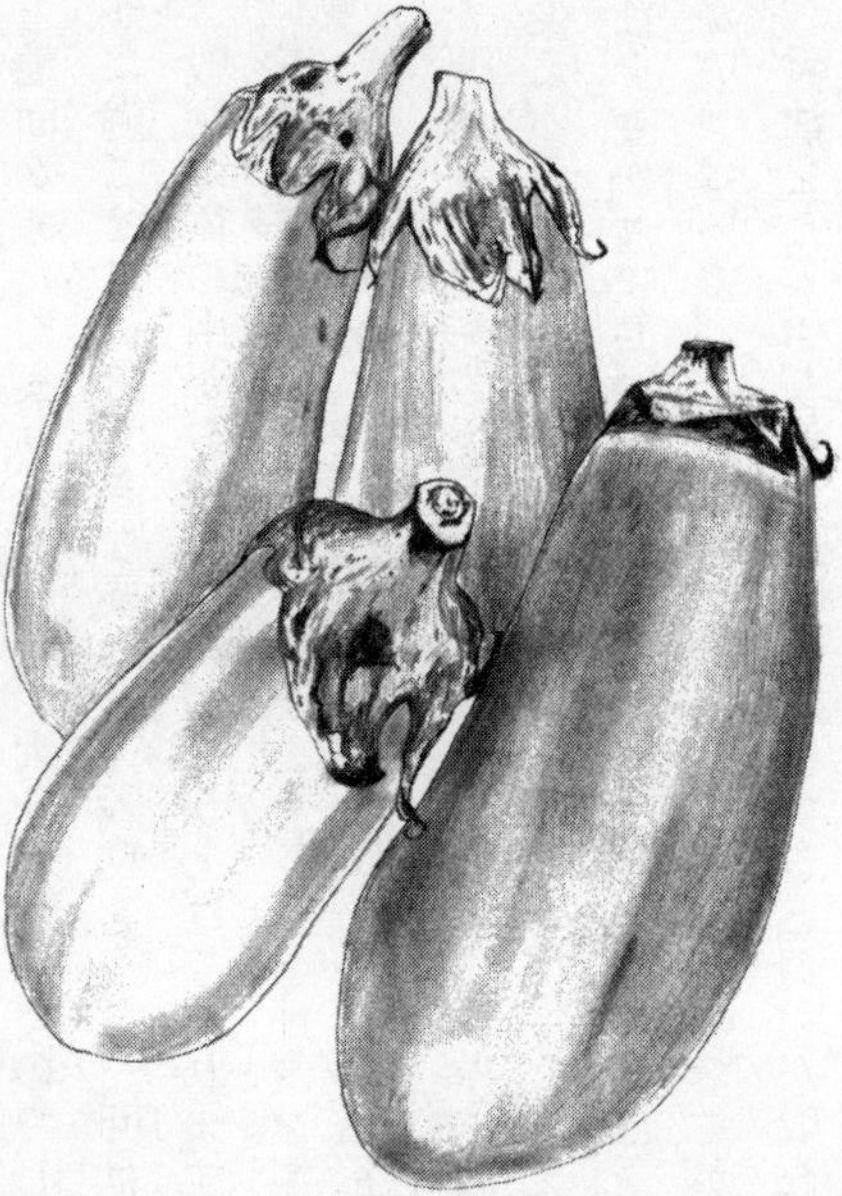

味覚の秋でなくなる前に

高く抜ける空に秋の到来を感じる頃、この季節が旬の食べ物のことを思い、にんまりしてしまいます。この時季になるとワインの産地から便りが届きます。

山梨の赤ぶどう酒のフルーツグローアー澤登さんのブドウ便りは「今年も異常気象といいながらはや十一年」と始まっていました。日照時間が長く高温で、昼と夜の気温差がある土地がブドウ作りに適しています。今年の山梨は雨が例年の三〇％で、成熟期に近くなっても夜の気温が下がらないのだとか。これは澤登さんの半世紀近いブドウ作りの中でも初めての経験だそうです。

一方、フランス・ボジョレーのハレル氏のところも雨の少ない年だったそうです。八月中旬から雨が降り始めたようなのですが、収穫前の雨は水太りになり好ましくないのだとか。しかし、畑にたくさん生えている雑草が雨をたっぷり吸収して、ブドウの水太りを防いでくれて助かっているそうです。間もなく収穫なので、今は雑草を刈ってそれを畑に絨毯《じゅうたん》のようにしき、風通しをよくしてブドウの表面を乾かし、酵母を増やしているところ。一般的なワイン作りでは、天然にはない酵母を人の手で添加しますが、この表面の天然酵母の力で発酵させるのです。

完全無農薬栽培で果実を育てるのはとても難しいことなのに、澤登さん、ハレルさんともに美味しいブドウでワインを作るために、そして飲む人の健康を考え、毎年尋常でない気象条件と闘っています。幸いなことに、どちらも極上のワインができるだろうとのこと。ワイン好きとしては彼らのたゆまぬ努力にひたすら感謝し、届くのを指折り数えるばかりです。

また十月のある日、毎年美味しいもち米を作っている柿沢さんの田んぼの稲刈り・はさがけ・脱穀の作業のお手伝いをしました。稲刈りは、機械では刈り切れなかったところに長靴を履いて田んぼに入り、鎌で刈りました。最初は端の方だったので土も乾いていて作業も楽だったのですが、二列目に入ると長靴がズボッと土にくい込んで身動きが取れません。一歩進むのに手で長靴を引っ張り上げて、やっとの思いです。まさに泥沼地獄、動けば動くほど足がはまってしまいました。全て手作業で米を作っていた時代は、どれだけ重労働だったことでしょう。

私がやっているファームは楽しみのためなので、疲れると炭でお湯を沸かしてお茶を淹《い》れて、休憩しながらの楽々作業です。しかしこのお手伝いの時は一日ほんの数時間ずつの作業でしたが本当に疲れました。しかし不思議なもので、大きな疲労を感じながらも、気持ちは晴れ晴れ。その夜、温泉に浸かってしっかり体を休めたところ、翌日まで疲れは残りませんでした。

脱穀後の稲は藁《わら》として、農作業や畑の冬じき、そして肥料として大事に使われ一つの無駄もありません。私はこのお手伝いで元気をもらっただけでなく、昔の人がお米の一粒も粗末にしてはいけないと言っていた意味を実感しました。

この地球規模の毎年の異常気象の中、食べ手もできることを急いでしなければ、味覚の秋ではなくなる日が近いうちにきてしまいそうです。まずは自然のサイクルを正しく知ることから始めると、私たちの暮らしも心地よく無理のないものになるのではないでしょうか。

コーヒーは午後から

クリスマスのイルミネーションがキラキラと綺麗な季節。ロマンティックな気分になりますが、冷え症の人には嬉しくない時節かもしれません。話を訊くと、ほとんどの人が冷え体質であることにびっくりします。冷えを訴える人はたいていコーヒーや紅茶が大好きで、牛乳や乳製品も毎日のように口にしている様子。美容のために果物は欠かさず、健康のためにと減塩をしています。そして、アルコールをたしなむ人がほとんどです。

寒い冬の朝からコーヒーを飲む人も多いと思いますが、コーヒーは体を冷やします。コーヒー以外にも紅茶・緑茶・ほうじ茶・番茶・牛乳など、ほとんどの飲み物は体を冷やします。体をあたためるお茶は三年番茶とミントティー、一部の中国茶だけです。お茶の葉の新芽から作られる緑茶や紅茶は体を冷やしますが、生育三年以上経過したお茶の木から収穫された茶葉や茎を使い、熟成を加え焙煎した三年番茶は体をあたためます。そして、ミントティーは血流をよくする作用があり、自律神経の働きを活発にします。冬に飲むと体をあたため、夏に飲むと冷却効果を得られる嬉しい飲み物です。

コーヒーを習慣にしている人が、全てやめるのは難しいもの。毎朝飲んでいたのを、体があたたまってきた午後からにするだけで違いがありますし、量を減らすだけでも効果があります。たとえば毎日三杯飲んでいたのを、朝の一杯をやめて午後から二杯にしてみてください。

そして、全てのお酒は体を冷やします。体をあたためるお米から作られる日本酒も冷やします。比較的冷えにくいお酒は赤ワインですが、飲み会の席では、とりあえずビールということが多いのではないでしょうか。ビールは最も体を冷やすお酒なので、空きっ腹にいきなりビールを飲んでしまうと、胃腸がギンギンに冷えてしまいます。

そんな時は、ビールの前に六〇～九〇度くらいのお湯をコップ一杯飲むだけでも、その影響を少なくすることができます。このまずはお湯作戦、お酒を飲む前だけではなく、朝の体温が上がらない体にも効果的です。起きたら、同じく六〇～九〇度くらいのお湯をゆっくりと飲んで内臓をあたためてください。海塩を少し加えるのも効果的です。お湯を飲んでから食べ物や飲み物を取ると、冷やすものの影響を減らすことができます。

お肌や体にいいと、朝から果物を食べる人も多いと思いますが、実は逆効果。リンゴ以外の果物は冷えの原因になります。朝から果物を食べるということは、つまり腸を冷やすことになり、お肌にもよくないのです。

輸送手段が発達したおかげで、世界各地で採れた果物が一年中手に入るようになりました。果物の中でも冷やす度合いは様々で、南国のものは特に体を冷やします。だからバナナやマンゴーのような南国の果物を冬に食べると極端に冷えてしまいます。それらは遠い国から大量の燃料を使い日本に運ばれてきます。季節外れの外国産の果物を食べるということは、人間の体にも、地球の環境にも優しくないのです。

酵素を摂取するために果物を食べなければいけないと思い込んでいる人が多いようですが、無理に食べる必要はありません。むしろ不調の原因が朝の果物ということがよくあります。酵素は本物の味噌や醤油を日々食べていれば、果物を食べなくても十分に摂取できるものです。まずは十日間、これらをやめてみてください。それだけでも体の冷えは改善されます。

減塩ではなく適塩で

気温が上がり始めると、自然と料理に酢を使うことが多くなります。とはいっても、真夏の暑さではないので米酢はまだ欲せず、アップルビネガーや白バルサミコ酢、梅酢を使っています。

減塩のために酢や酸味を利用しましょうと書いてある記事をよく目にしますが、塩分を控えては酸味も活きないのではないかと常々考えています。適切な量の塩分と酸味があってこそ料理が美味しくなり、そして健康にもなるのです。現代ではほとんどの日本人が塩がれしているように感じます。体と心を整える一番の基本は塩をきちんと取ることです。生活環境や一日の行動で必要な塩の量は変わります。その時々に美味しく感じる量が適塩なのに、間違った減塩の二文字の影響が大きいようです。

定説では、三十五〜三十八億年前に海を漂っていた粒子から単細胞生物が生まれ、これが現在までの全ての生命体（動植物）の元といわれています。幾度もの環境変化を経て、生命体が繋がっているのです。最初海水中で漂って生命を維持していた単細胞生物があり、海から陸上に上がってきた動物は、皮膚で覆われた体液を古代の海と同じ状態にすることで生命維持の基本を司るプログラムを受け継いでいるのです。

体液を常に古代の海と同じようにしておくことが、生理作用と生命活動の基本になります。そうしなければ、心と体の健康は得られないといっても過言ではありません。

現在、私たちは調味料として口から自然海塩を取り入れ、体内に古代の海のような状態を維持しています。海水から作られる自然海塩は数々のミネラルで構成されています。一番比率が高いのはナトリウムですが、微量でもそれぞれのミネラルが大きな役割を担っていて、同時に存在することで円滑に働くのです。

塩分の取りすぎは高血圧になるといわれていますが、塩分を控えるより、美味しいと感じる味つけにした方が血圧は下がります。しかし問題なのは化学的に精製された塩。輸入した原塩を水で溶かし、電気分解をして純粋な塩化ナトリウムが作られます。それを高度に精製した塩は海の状態とはほど遠いもので、これでは生命維持が円滑には行えず、体に不都合が生じてしまいます。

それに比べて自然海塩は、体が正常に働くための基本を自然と整えてくれます。高血圧も自然海塩をしっかり取ることで改善されます。自然海塩を日々料理に使う、これだけで健康の基本ができます。さらに、自然海塩を使って作られた天然醸造の味噌や醤油は、微生物（有用菌）が生きている理想的な調味料です。

厚生労働省が一日に摂取する塩分量の上限を示していますが、一人ひとり適量は違うのではないかと私は考えています。そして同じ人間でも、体をよく動かした時や不調で体が冷え切っている時など、その日の体調次第で大きく異なります。最適な摂取量は、食べた人が満足でき美味しいと感じる量です。家族でも一人ひとり異なるのが当然です。テーブルの上に自然海塩と醤油をおいて、各自のお皿で調節します。不調の時は、思い切って塩分をたくさん摂取してください。

熱々のお湯に天然海塩か天然醸造の醤油を入れて飲むだけで、簡単に塩気を補充することができます。足りない場合は少し足して、お好みの塩加減に調節してください。

残念ながら自然海塩を使っている飲食店はまだ少ないようです。自分で整えることができる食卓では、自然海塩や、自然海塩を使った醤油・味噌・漬物を美味しく上手に取り入れて、健康の基礎を作ってください。

本物の醤油と味噌で肌美人に

腸を健康にすると肌が美しくなります。日本人の腸に有効に働くのは牛乳由来ではなく、日本の発酵食品に存在する乳酸菌です。味噌と醤油は洗練された発酵調味料で、日本の発酵（醸造）食品の王様です。しかし一番近くにある醤油と味噌も、発酵させずに製造されたものが多くなってしまいました。

醤油の製法には本醸造方式・混合醸造方式・混合方式の三種類があります。安価なものは混合方式と呼ばれる、アミノ酸液を加えて作られる醤油もどき。本物は材料が大豆・小麦・自然海塩だけで、そこに麹《こうじ》の働きと一～二年ほどの時間が味方になり美味しい醤油になります。自然の乳酸菌・酵母・酵素の力で美味しくなるのです。そして材料の大豆が種々のアミノ酸に変化することで旨味を醸し出し、大豆の脂肪が分解されてできたグリセリンがほのかな甘味を生み出します。

本物の醤油には自然のアミノ酸の旨味や、バラなど天然の香りの要素が六十種類も含まれており、乳酸菌や酵母・酵素が体によい働きをしてくれます。醤油は開栓後、冷蔵が必要です。火入れされているものや化学的に作られたものは別ですが、火入れをしていない醤油や、低温で火入れされた醤油には微生物が生きているので、室温に放置すると風味が変わってしまいます。

味噌も素晴らしい発酵調味料です。大豆の発酵過程でタンパク質がアミノ酸に変わり、肉などに比べ良質のタンパク質が吸収されやすい形で摂取できます。ミネラルとビタミンも安定した形で含まれています。血液を清め、皮膚の新陳代謝を上げる効果があることから百害百毒を消すと昔から言い伝えられてきました。

醤油を控えている人も多いようですが、天然醸造で作られた本物の醤油には血圧を下げる働きがあることが確かめられています。一杯のお味噌汁は元気の素。体の中からあたたまるため腸内有用菌が活発になります。それに解毒作用もあり、様々な有害物質の影響を少なくしてくれます。本物の醤油と味噌を日々食べて、腸からツルツル肌美人になりましょう。

ごはん粒をゆっくり食べる

健康維持やダイエットの情報が巷に溢れています。炭水化物の米・パン・麺を食べず、体の細胞を作るタンパク質を摂取するために肉などを食べる糖質オフ、酵素・ビタミン・ミネラルを効率よく取るために加熱しないで食べるローフードなど、あげていくとキリがありません。一方で日々忙しく、外食やコンビニ食で済ませる人も増えています。そんな食生活を続けていると、頭ではなく体が納得できなくなります。

その結果、一体何を食べたらよいのかと混迷している人もたくさんいるようです。そうなってしまった時はごはんを炊いてください。おかずはいりません。塩をふって、ゆっくりごはん粒を食べてください。栄養が足りないのではと考える必要はありません。ごはんを食べるとお腹がいっぱいになって満足し、心が落ち着きます。

そして、ごはん粒を食べたら少しの時間でもいいので、ゆっくり休んでください。体に力が湧いてくる感覚がわかるはずです。次に漬物を添えてみてください。そこにみそ汁が加われば、それで十分。ごはん粒と塩（醤油・味噌・漬物・梅干し）を食べていれば、忙しくてもバテない心と体が養われます。

お米は体をあたためますが、小麦はその逆で体を冷やします。特に小麦から作られるパンとパスタは、案外体にダメージを与えます。冬の朝にパンとコーヒー、お昼にパスタという食生活が続くと体が芯から冷えて血流が悪くなり、調子が上がりません。

しかし、毎朝パン食を習慣にしている人がいきなりごはんに切り替えるのは難しいもの。完全にパンをやめなくても、先にごはんを一口食べるだけでその影響は軽減できます。体は朝一番に口にしたものの影響を受けやすいので、最初のひと口だけでもごはんを食べるようにしてください。ごはんを一口食べた後、トーストしたパンにオリーブオイルをたらし、その上からあたためる作用のある醤油を少しかけたり、味噌を塗っていただきます。パンに醤油や味噌なんてと思われるかもしれませんが、これが意外にも最高の相性で、私は食べているうちに癖になりました。

人間が米の栽培を始めたのは約六千年前といわれています。長い間、アジアの照葉樹林地帯では稲作がされ、それを食べて命が繋がれてきました。現代日本に生きる私たちのDNAの中にも、お米を食べてきた情報が脈々と受け継がれているのです。

添加物とうまみ調味料

生活環境や対人関係、心模様など様々な要因が体調不良を引き起こしますが、最も大きな原因はやはり食べ物にあると言わざるを得ません。レストラン・テイクアウト・お弁当などの出来合いの食べ物はもちろん、スーパーやコンビニで売っている様々な食品に、体にとっては異物である食品添加物やうまみ調味料が必ずと言っていいほど含まれています。

石油から作られる食品添加物は薬品であり、諸外国では禁止されているのに日本だけ認可されている添加物もたくさんあります。日本では、たとえ体によくない薬品でも、摂取しても人体に影響が少ない量の使用は認められている事例もあります。ラベルにただ保存料や酸味料と記されていても、それを作るために複数の化学薬品が使われているのです。

日本では、普通に食べ物を口にしていると、一年間でキロ単位の添加物を口から体に入れることになります。これらは体の体脂肪や内臓などに蓄積されていき、体の不具合を引き起こす負の働きをします。

うまみ調味料も、添加物と合わせて多くの加工食品に使用されています。うまみ調味料のひとつのグルタミン酸ナトリウムは、食べ物に元々含まれている自然なグルタミン酸とは異なり、神経興奮毒性があります。食べると血中濃度が急激に上がり、脳細胞を犯し、中枢神経のニューロンを狂わせます。また、グルタミン酸ナトリウムは高温になるとガン物質が発生するというデータもあります。うまみ調味料自体は塩辛くありませんが、ナトリウムを過剰に摂取することにもなり、高血圧・腎臓障害・心臓病・痛風・関節痛になる危険性も格段に高まります。

これらが体に蓄積すると、健やかな生命維持ができなくなり、様々な症状が生じます。無意識のまま食べ物を手にし、添加物やうまみ調味料を口に入れていたのでは、悪い症状はなくならないばかりかひどくなる一方です。でもそれらをやめて縁を切れば自然治癒力が働き始め、次第に症状が改善します。

幸せな甘味

ファーマーの皆が集まって、実を食べつくしたトウモロコシの茎を切り、細かく切り刻んで土にかえすファームじまいが行われました。その作業中、甘いから食べてごらんと茎を渡されました。噛んでみると優しい甘さでとても美味しく、サトウキビでなくてもこんなに甘いのかとびっくりしました。昨今様々なスイーツが巷に氾濫していますが、トウモロコシの茎の上品な甘さは別世界でした。

スイーツを口にすると、想像以上に白い砂糖を摂取します。砂糖は〇度で二分の一カップの水に一七九グラム、一〇〇度で二分の一カップの湯に四八七グラムも溶け込む性質があります。その他、砂糖の種々な性質を利用して、ほとんどの加工食品で使用されています。

私は白い砂糖を四十年近く使ったことはなく、ほぼ食べたことがありません。

それは美味しくないという理由からですが、中々理解してもらえません。白い砂糖は刺すような嫌な甘さで後味も悪く、体が全く欲しないのです。

甘い物を口にしないのかといえばそんなことはなく、いつも葛練りにメープルシロップをたっぷりかけて食べています。オーガニックチョコとドライアップルの組み合わせも大好物ですし、仕事の合間にはネイティブブッシュはちみつたっぷりのレモネードをいただきます。トウモロコシの茎を食べた時に似た上品な甘さで、スーッと口から消えて、幸せ感だけが残ります。

精製された白糖は空《から》のカロリーといわれ、栄養素はゼロで、カロリーだけがあるものです。甘い物は太るという認識はあっても、健康をどれほど害する食べ物かを知っている人は少ないようです。

疲れたら甘い物といわれていますが、それは大きな間違いです。食べて数分で血中糖度が上昇するため、ほんの一瞬疲れが取れたように錯覚しますが、体に本当に必要なのは、穀類など炭水化物の形で摂取して、口の中でだ液と混ざり体に入って、ゆっくり糖化していく糖分です。徐々に糖に変わっていくので、処理のため膵臓《すいぞう》から分泌されるインシュリンも少しずつゆっくり対応します。白い砂糖の形で体内に入った糖分はすぐに血液中に送られるため、膵臓は大量のインシュリンを緊急放出して非常事態を乗り切ろうとがんばり、血中糖度を下げます。すると低血糖になり、さらに甘い物が欲しくなるという負の連鎖に陥っていくことになります。

白糖はうまみ調味料と同じく、舌の味蕾《みらい》を強く刺激します。料理に白糖を使い続けると、その刺激がないともの足りなく感じるようになります。角度を変えてみると、強い刺激に慣れてしまうと微妙な旨味が感じられなくなるのです。食いしん坊にとって、これはもったいないことです。

質の高い調味料を使うと砂糖は必要なくなり、白い砂糖をやめるだけで体の不調も少しずつ改善されます。そして味覚も鍛えられ、感性にも磨きがかかります。幸いなことに私は、美味しいごはんをお腹いっぱい食べて満足な日々を送っているうちに、不自然な甘さに気づく舌になっていました。

白い砂糖はその他にも、肝臓病・胃腸病・動脈硬化・心筋梗塞・皮膚病・脳出血・ガンの元になります。胃の場合、五・四%の砂糖液大さじ一杯で動きがにぶくなり、正常に戻るのに一時間ほどかかるといわれています。

白糖は体内からミネラルやビタミン、特にカルシウムを奪い、体を疲れさせます。私は疲れを感じたりお腹が空くと、甘い物ではなく塩気がほしくなり、ミネラルいっぱいの自然海塩を少し取ると楽になります。何もない時は塩だけのおむすびや、冬には磯辺餅、時には豆味噌を指ですくってそのまま食べます。ちゃんとした塩気は、生理に必要なミネラルの宝庫です。まずそこを整えなくては、疲れも回復しません。

甘い物の負の連鎖にはまってしまうと、中々理性だけでは抜け出せません。教室のある方は、白い砂糖を全く口にしなくなるまで十年かかったそうです。良質な食材を使い、ちゃんとした塩・醤油・味噌を使った料理を食べている人は早くそこに到達するのですが、外食が多いと長い年数がかかってしまうようです。それでも、少しずつでも取らないようにすると、随分と体が違ってきます。

まず白い砂糖から、体への負担が少ないはちみつ・メープルシロップ・黒糖・

米あめに変えてください。見た目が茶色でも、きび糖や三温糖は白い砂糖を煮詰めただけのものがほとんど、つまりは白い砂糖なのです。くれぐれも〈朝の体に糖分、脳に糖分〉の言葉にまどわされないこと。サトウキビから作られた白い砂糖は体を冷やします。朝の食卓に、お菓子や砂糖たっぷりの紅茶はのせないでください。少しずつ工夫して、優しい甘味を楽しみましょう。

栄養豊富で太らないはちみつ

はちみつの産地のニュージーランドが採蜜とビン詰めのシーズンで、それに合わせて教室ではちみつの話をしました。

蜂が集めた花の蜜に、蜂の唾液、その酵素などが混じり、薄くのばしたりして羽で水分を発散させると、蜜の糖度は当初の倍になります。そして糖の形がブドウ糖と果糖になります。砂糖などの蔗糖《しょとう》と違い、はちみつは体内で分解、消化する必要がなく、直接腸壁から吸収されます。

それにはちみつはビタミンとミネラルの宝庫なので、そのまま体に取り込むことができます。ビタミン剤は体内に取り込みにくい不活性型ですが、活性型のはちみつは体に吸収されやすいのが特徴です。

そして嬉しいことに、はちみつには体内で処理できる以上には血糖値を高めない性質があります。太らず、虫歯にもならないのです。以前一ヶ月に二キロのはちみつを食べ、寝る前にはちみつ入りレモネードを飲んでみましたが、全く太ることはありませんでした。

その他にもはちみつには様々な薬効があり、昔から人々に利用されてきました。このように甘く美味しく、いいことずくめのはちみつですが、はちみつ以外の糖が混じっていない、非加熱のものを選ぶことが大切です。非加熱の本物のはちみつは、水分などが混じらない限り千年以上も変質しません。

買う時は「非加熱ですか？」と尋ねた時にちゃんと答えられる、知識と愛情のある店でお求めください。

砂糖・みりん・酒は使わない

私は料理に、砂糖・みりん・酒は使いません。理屈が先にきたのではなく、使わない方が断然美味しいというのがその理由です。みりんや酒を使うと、素材そのものの深い味わいが損なわれ、甘さが際立ってしまうのです。

美味しいと感じる味わいは昔から、苦・甘・酸・辛・塩味の五味といわれています。これら五味の調和でさらに美味しく感じられます。ここでいう甘味は、砂糖やみりん、酒を示してはいません。イモ類・野菜・穀類・木の実の甘味であり、これらから得られる甘味は滋養強壮作用があります。

スーパーでみりんとして売られているものを見ると、本物はほとんどありません。みりんの本来の材料はもち米と米麹と焼酎で、醸造して作られる立派なアルコール。本物を作っているメーカーは数えるほどしかありません。とあるみりん風調味料のラベルの原材料には〈水あめ・米・米麹の醸造調味料・醸造酢・酸味料〉とありました。多く使われている材料の順に表記することになっているので、最も含まれているのは水あめということになります。これではみりん本来の働きをしません。酒はどうかというとその製法において伝統的な日本酒の作り方をしているところは激減しています。ましてや料理酒に至っては心もとない限りです。

みりんや酒を料理に使う場合、求める効果は甘味が多いのではないでしょうか。素材から甘味を引き出せば、充分に美味しさを感じられます。習慣的に砂糖・みりん・酒を使っていると舌は甘さを求めてしまい、その他の苦味や酸味などを感じにくくなってしまいます。舌にある味蕾《みらい》は様々な味を感じるようにできていて、それが脳と繋がっています。旬の季節に合った食材は細胞レベルで活き活きしているばかりか、色々な味わいを感じることができます。

豊かな味わいは、舌の味蕾を通して脳にも働きかけ活発にしてくれます。日々の料理でみりんや酒を使い続けているのと、素材そのものを味わい美味しく食べるのとでは、健康にも感性にも将来大きな違いが出てくるのではないでしょうか。

バルサミコ酢の魔法

私の毎日の料理のだしは昆布・かつおぶし・煮干しです。調味には自然海塩と醤油、それに豆味噌と玄米味噌。油も調味料だとすれば一番よく使うのがオリーブオイルで、菜種油・ごま油も時々。酢はバルサミコ酢・アップルビネガー・柑橘系果汁。別段珍しい調味料は常備していないのですが、これぞ日本食、いわゆるおふくろの味的なものには決してなりません。その理由は、自然海塩は塩味をつける目的ではなく、食材の旨味を引き出すために使うので、それぞれの滋味が最大限に生かされ重なり合い、奥深い味わいになるのです。

こうした素晴らしい日本の食文化の基本調味料に加え、オリーブオイルとバルサミコ酢が私の食卓を豊かにしてくれる強い味方です。特にバルサミコ酢は醤油と味噌との相性が抜群で、私はみりんのように使っています。どんなに良質なみりんでも、加えるとよけいな気がするのですが、バルサミコ酢は美味しさが一段と深まります。

たとえばそばつゆなら、生しぼり醤油とかつおぶしパウダーにバルサミコ酢を少々、それをお湯で割ればかけそば、水で割ればざるそばのつゆの出来上がり。魚を煮る時は、醤油とバルサミコ酢を醤油の半量、それに昆布だしとショウガの千切りかニンニクのうす切りを入れます。他にも、色々な料理でバルサミコ酢は大活躍します。レタスにオリーブオイルをからませ、塩とバルサミコ酢、かくし味に醤油を少々加えれば、酸っぱくないサラダが完成。春に出回る新タマネギは、厚めの輪切りにしてオリーブオイルを使い強火で両面をソテーして、仕上げに醤油とバルサミコ酢をかけるだけで立派なメインディッシュになります。

バルサミコ酢はブドウの果汁を煮つめ樽に入れ何年も寝かせて濃縮したもので、イタリアではその昔、薬とされていたそうです。こんなにも便利で美味しく、体にもいいバルサミコ酢ですが、特別な調味料と認識されているのはもったいないと思います。気軽にいつもの料理に加えて、美味しい世界を広げてください。

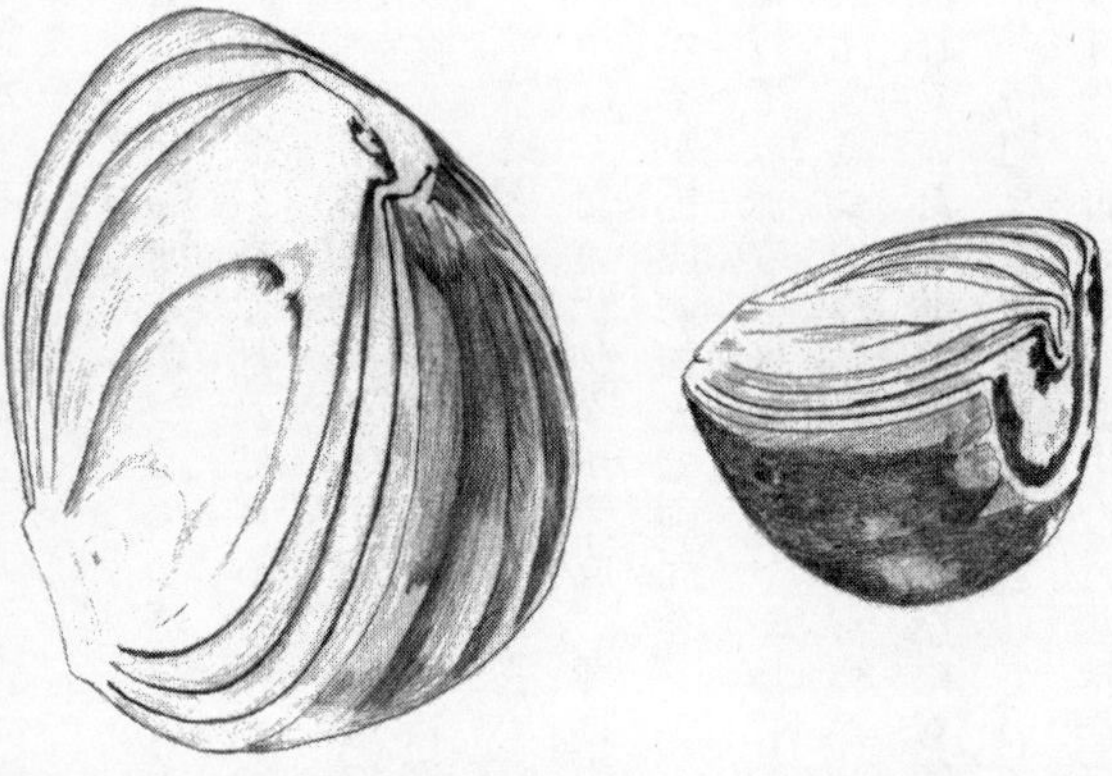

体にはいい油が必要

太るからと極力取らないようにしている人も多いと思いますが、油は生理に必要な成分を含んでいて、人間の体に必要不可欠な必須栄養素の一つです。体のほとんどの生理作用を調整していて、油がないと代謝も悪くなってしまいます。料理を美味しくしてくれるよい油をどう選ぶか、それをどのように保存するかは毎日の食事を豊かにする上でとても大切なことです。

昔から油は材料を圧搾して、物理的に作られてきました。現在市販されている大半は、素材を高温にして化学溶剤で溶かして作られるサラダ油や、液体に水素を添加して固形化して作られるマーガリンのように、いずれも人工的に変えられたトランス脂肪酸と呼ばれる油です。これらは人間の生理には合わないもので、体にいいどころか悪い影響を与えてしまいます。

良質なものは油っぽくありません。酸化したものは油っぽくてしつこく、重い感じになります。特にオリーブオイルは光で劣化・酸化するため、たとえ高価なエキストラバージンでも照明の下で販売されていたらすでに劣化が始まっています。キッチンやテーブルの上に放置しておけば、一週間もしないうちに酸化してしまいます。家では冷暗所、または光を遮る箱に入れて保管しましょう。

菜種油と胡麻油は冷暗所で長期保存が可能ですが、加熱調理中に煙が上がるほど高温にしてしまったら、使わずに処分してください。

日常の料理には加熱もでき、サラダや和え物など様々に使える良質なエキストラバージンオリーブオイルがおすすめです。油の原料にもなるクルミやアーモンドなどのナッツ類（素焼き・無塩・無添加のもの）をおやつ代わりに食べて、ゆるやかに油を取るのもよいと思います。

よい油は原材料を圧搾して作られるため、わずかな量しか採れません。そのため大量生産されたものに比べて高価ですが、良質な油を取ることで健康の基本が作られます。

かつおぶしの素晴らしさ

かつおぶしは日本の食文化の中でも優れものの一つにあげられます。室町時代にはその原形が出来上がっていて、江戸時代前期に紀州の漁民・角屋甚太郎《かどやじんたろう》親子が煙で燻製《くんせい》する方法をあみ出し、播磨屋亀蔵《はりまやかめぞう》・佐之助《さのすけ》が今日のかつおぶしに近い形に改良したと伝えられています。昔は大変な手間と時間をかけて作っていました。まず薪で燻《いぶ》して乾かし、釜で煮て冷やしたかつおを炉に並べ、二十回近く燻《くん》乾《かん》を繰り返します。表面の脂肪を除いて天日干しした後、茶箱に二週間ほど密閉してカビを生えさせます。その後、再び天日干しを数回繰り返します。数多の工程を経て、本枯れ節と呼ばれる硬いかつおぶしが完成します。

注目すべきは、無害なカビを美味しくしたり、保存性を高めたりすることにうまく使いこなしている点です。かつおぶしのカビも麹や青カビの一種で、脂肪の分解力が強い菌。青魚であるかつおは鮮度が落ちると油やけをおこして独特の嫌な臭いが出てくる魚ですが、加工の工程でカビをつけることでこの問題が解決されるばかりか旨味や香りまでよくなるのです。現在はカビつけをしない作り方の花かつおが中心ですが、これでも充分に美味しい家庭料理ができます。

かつおぶしの旨味はイノシン酸とグアニル酸ということになるのですが、自己主張せずに他の食物を美味しくしてくれる、奥ゆかしくてできるヤツといつも感心しています。かつおぶしがなかったらそばは日本でここまで愛されていたでしょうか。湯豆腐は粋な食べ物として今日まで存在していなかったかもしれません。

先人たちに感謝しながら普段はカビつけをしない花かつおを使っています。冷凍庫に保管しておき、庫内から出した瞬間に袋に手を入れ、使う目的によって一センチ程度から粉々まで、にぎってください。冷凍のままにぎりつぶすのがコツ。パウダーにして使うと一袋が多用途で使えます。こんなにも便利で美味しいかつおぶし、もっと気楽に普段の食事で活用すれば、麺つゆやだし入り醬油の出る幕はありません。

本当によい卵とは

ある雑誌の取材で身近な食材の一つである卵がテーマに決まりました。しかしその頃、鶏インフルエンザが問題になり、この時期に卵はどうなのだろうかと一度は協議されたのですが「こんな時だから、しっかり卵と向き合う提案をしましょう」という編集者の一声でそのまま取材が進むことになりました。

取材中「よい卵の基準は何ですか?」と訊かれ、即座に「動物として鶏が心地いい環境で飼われていること。エサは化学物質が含まれない、鶏本来が食べているものを与えていること」と答えました。

鶏はストレスを受けやすい繊細な動物です。しかし現在、大規模な窓もない鶏舎で、コンピューター管理の元に卵を産む道具として飼われています。この方法だと一人で約五万羽を管理することができるそうです。しかし鶏に何かが起きても目が届く状態ではなく、密飼いにより鶏に大きなストレスがかかっています。スーパーに並ぶ卵は綺麗に洗浄され、とても短い賞味期限がつけられています。卵の表面はクチクラという膜でできていて、卵が外部からの細菌によって汚染されない仕組みになっています。これは卵が生命体であり、それを守る機能が働いていると言い換えられます。そう、卵は生きているのです。

私の実験では、冷蔵保存をした卵は、三ヶ月は生で食べることができました。それ以上は実験を中止したのでわかりませんが、生きている卵は二十度以上にならなければ室温でも一ヶ月は十分保存が可能です。こうしたことは今の日本では非常識に見えるかもしれませんが、生きた自然の調和がうまく働いているので、本当はアリなのです。

私が使っている卵は野山を自由に走り回っている鶏のものなので、寒くても暑くても産卵数が減ってしまいます。鶏に無理をさせないことを優先すると人間が我慢をしなければならなくなるのですが、その後にはとびきり美味しいご褒美を与えてくれます。

梅で血液サラサラに

梅は食品としてだけではなく、古くから体によい万能薬として日本で愛されてきました。梅を食べると血液がいわゆるサラサラの状態になります。体は酸性になると血液がドロドロになるので、弱アルカリ性の状態にしておくのがいいのですが、現代人は酸性の傾向にあります。梅はアルカリ食品で、体を弱アルカリ性に変えてくれるだけでなく、強力な解毒作用があり色々な毒から守ってくれます。他にもホルモンバランスの調整や内臓強化など、様々な効能があります。

栄養素の面ではたんぱく質・脂質・ミネラル・カルシウム・鉄分・リンが豊富です。そして梅のクエン酸には、疲労の原因といわれている乳酸を炭酸ガスと水に分解し、体外に排出する働きがあります。しかも即効性があるので、梅干しを常備しておいて朝一つ口にするだけでも体調を整えてくれます。

もちろん薬効だけではなく、調味の面でも大活躍。梅の酸味を少し効かせるだけで、すっきり爽やかな味わいになります。種を取りペースト状にした練り梅は調理に便利で、いつも愛用しています。そして、熱々の三年番茶に練り梅と本醸造の醤油を入れた梅醤番茶を朝飲むと、一日が元気に過ごせます。この梅醤番茶は、腹痛・頭痛・貧血・生理痛の時に飲むと、不思議とすぐ楽になります。梅の酸っぱさが苦手な人は、醤油やオリーブオイル、かつおぶしやだし汁と合わせるとやわらかな酸味になります。梅のエッセンスが詰まった梅肉エキスをそのままペロリとするのもおすすめです。

しかし梅干しを選ぶ時には注意が必要です。安価なものは本物の梅干しではなく、アミノ酸などのうまみ調味料で味づけし、保存料を加えて作られた調味梅漬けです。梅干しは本来、梅と塩と色づけのシソだけで作られ、塩分濃度が高く長期保存が可能なものです。昨今の減塩ブームの影響もあり、薄味の調味梅漬けがもてはやされていますが、残念ながら梅干しが本来持つ効能は得られません。梅漬けと比べると多少高価ですが、必ず本物の梅干しを選んでください。

本葛は体を整える万能薬

冷え込んできた朝、葛練りを作ってみました。小鍋に葛粉と水を加え木ベラで混ぜ、すっかり粉がとけたところで火にかけます。常に鍋底を木ベラでかくように動かし、全体が透明になってから三~五分ほど練るように火を通します。出来上がりはポテッとするくらい。これをごはん茶碗に半分ほど入れ、紅玉ねり梅を茶さじ三分の一くらい加えて、よく混ぜていただきました。ほのかな練り梅の味と、葛練りが空腹にするすると入っていきます。

葛練りがとても気に入り、ここのところ毎朝の習慣となっています。お腹も満たされ、体もあたたまってとても快適です。食べ始めて十日目くらいからは視力もよくなってきました。この頃小さな字が読みにくくなり、そろそろメガネが必要かなと感じていたのですが、小さなものを見ることが楽になってきたのです。

葛も梅干しも、体を健やかに整える万能薬のような効果があることが、中国や日本の古文書にも記されているのは知っていました。料理には年中使っていましたが、朝一番で毎日食べ続けたのは初めてのことで、我が身に起こった素敵な変化に、改めて本物の食べ物が持つ力を実感しました。

葛は血行をよくし、血液を浄化します。その他、自律神経を安定させる・ホルモンバランスを整える・代謝を高める・あらゆる臓器の機能を高めるなど、数え切れない効能があります。片栗粉や甘藷《かんしょ》（サツマイモ）が混ざったものもあるので、成分表示を確認して葛一〇〇％を選ぶようにしてください。片栗粉はナス科のジャガイモから作られ、葛とは真逆の作用があります。片栗粉でとろみをつけていたのを葛にするだけで体調が整う上、料理の味が格段に向上します。

葛の栄養素を見るとほとんどが炭水化物で、ミネラル類がわずかに含まれているだけです。しかしながら、あらゆる臓器の機能を高めてくれ、副作用は一つもありません。満足のいく美味しさを得ることができ、知らず知らずのうちに健康へと導いてくれるのは葛のような本物の食べ物だけです。

牛乳はカルシウムを奪う

牛乳や乳製品はカルシウムが多く、骨粗鬆症《こつそしょうしょう》の予防になると飲んでいる人が多いのではないでしょうか。牛も出産をしなければ乳は出ませんが、畜産の現場では九九%以上が人工授精で妊娠させられます。生まれた赤ちゃん牛はただちにお母さんから離され、人工乳を与えられます。雄の赤ちゃん牛の多くは食肉にされます。お母さん牛は繰り返し人工授精で出産させられ、本来なら二十年の寿命のところ、乳量が落ちてくる五～六年で食肉にされます。この短い間、お母さん牛は動きを制限された環境で過ごします。草食なのに濃い乳をたくさん出すよう、化学栄養剤や合成女性ホルモンなどを添加した穀物飼料が与えられます。

牛乳は本来、牛の赤ちゃんを育むためのもの。牛には合っているのですが、人間の生理には全くもって合わないものなのです。その上、牛乳は赤ちゃん牛が固形物を食べられない間だけ必要なもので、離乳した後は口にすることはありません。動物で人間だけが離乳した後も、しかも違う動物の乳を飲み続けています。

カルシウムとして働いてくれるのなら、大きな犠牲を牛に負わせている理由もあるかもしれません。でも現実は正反対で、体にとっていいことは一つもありません。牛乳にはリンが多く含まれていて、体内のカルシウムと結びつきリン酸カルシウムとなり、カルシウムの吸収を阻害します。そのため補うどころかカルシウム不足となってしまうのです。そして牛乳のたんぱく質は人間にとっては異質なもので、消化器官では円滑に処理ができず種々のアレルギーの原因となります。

子供ほど弊害は顕著に表れます。カルシウムは多量あればいいというものではなく、食事として食べてしっかりと吸収されて体の役に立ち、弊害がないものでなければなりません。野菜・豆類・海藻・小魚・精製度の低い穀物を食べていれば十分に摂取できます。あたりまえだと信じ込んでいる事柄の中には真実とは異なることもあります。試しに一週間牛乳と乳製品をやめてみてください。体が軽くなり、牛乳や乳製品がない食事に物足りなさを感じることもなくなるはずです。

賞味期限はあてにしない

食品表示が製造日ではなく、賞味期限（品質保持期限）に変わってから久しくなりました。食品を美味しく食べられる期日を表示したものですが、日づけを過ぎると破棄してしまう人が多いようです。私は日々食品に接していて、この賞味期限というものをあまりあてにしていません。

たとえばあるメーカーの一丁五百円ほどの豆腐は、賞味期限が製造日から三日間です。でも冷蔵保存で一週間はとても美味しく、二週目は美味しく、三週目でもみそ汁なら、という具合に一ヶ月近く捨てるには至りません。ある時に未開封で一ヶ月はとっくに過ぎてしまったのですが、ただ捨てるのはもったいなくてファームの土に戻そうと真夏のビニールハウスに置いたままさらに二ヶ月が過ぎました。パッケージを開けてみると、驚いたことに全く腐っていないのです。

本物の食品の品質が保持される期間にはいつも驚かされます。それは原材料が細胞レベルで元気で、加工段階で滅菌をしていない、つまり食品が生きているからだと、私は常々考えています。大量生産の大手食品メーカーの場合、高温処理で良い菌も悪い菌も、全部殺す滅菌をします。こうすることによって腐らないのです。しかし同時に、栄養素や旨味といった大切なものが犠牲になっています。

菌には、有害な菌と有用な菌があります。パスツールは六三度で三十分間加熱することで、害をおよぼす菌を殺し、有用な菌を残すことができる事実を発見しました。牛乳でおなじみのパスチャライズドとは、この殺菌方法のことです。現在は、七二度十五秒の加熱で同じ効果があることがわかっています。

有用な菌が生きている食品は、開封後も驚異的に食べられる期間が長いのですが、それに比べて滅菌してある食品は開封後、急速に酸化したり腐ってしまいます。賞味期限内であっても保存状態やパッケージにあいたピンホール（見てもわからない針の穴ほどのもの）で食品が劣化することも十分に考えられます。

食品に表示されている賞味期限は今のところ各メーカーの判断で表示されてい

ますが、曖昧な表示ではなく残存している菌を数え、化学的に期限を示すことが検討されているようです。日本の保健行政は戦後を引きずり、菌により病気にならないこと第一主義で今日まできています。残存する菌の数が賞味期限の基準になると、大手メーカーは高温滅菌をより徹底させるでしょう。そして小さな良心的なメーカーは多大な労力と資金をこの基準のために使わざるを得なくなり苦しめられることとなります。それによって〈美味しく食べて健康に〉という、本来あるべき食品の姿からますます離れてしまうと思うのです。

私は匂いをかぎ、自身の目で確かめてから食べるか捨てるかを判断します。製造日はぜひ知りたいとは思いますし、賞味期限も無用とは言いません。食品メーカーも行政も、食べ物は生き物であることを忘れているように思えて仕方がありません。生命と健康にかかわっていることを中心に据えて考えてほしいのです。

食料が豊富な日本ですが美味しさと健康を考えた時、その食卓は悲しくなるほど貧相です。注意しないと死んだ食品に埋もれてしまいます。私たちができる唯一の自衛策は本物の食材を使い、自身の手で料理することではないでしょうか。

犬の食事から学ぶこと

　愛犬みかんが家族の一員となった頃は慣れない赤ちゃん犬の世話で大変な中、ドッグフードはとても助かりました。でも頭の片隅には、同じ生き物としてドライフードしか知らないで一生を終わらせてしまっていいのかという疑問がいつもありました。一歳を迎え成犬になり、ドッグフードを離れて色々な食材を試してみようと思っていた時『愛犬のための手作り健康食』という本をいただきました。

　著者の須崎恭彦氏によると、最近の犬の病気は感染症の時代からガン・アレルギー・皮膚炎・心臓病・糖尿病・肝臓病・腎臓病・白内障といった慢性疾患、遺伝性疾患の時代になってきたそうで、長寿になったことで発症する疾患も出てきているとのこと。感染症の時代は現代医学が力を発揮できたけれど、現代の病にはむしろ東洋医学的な、原因を排除して自然治癒力を高めることが有効であり、予防が大切であると訴えています。添加物いっぱいのドッグフードから穀類・野菜・海藻中心の食事にすることをすすめていて、彼の患者たちが食事で劇的に回復していると例をあげて紹介しています。本書の文中の犬の文字は全て人に置き換えらます。日頃私が考えている理想的な人間の食べ物や生活と同じなのです。

彼はドッグフードを否定せず、体に有効に働く食材を混ぜることをすすめています。解毒にはサツマイモ・カボチャ・大豆・昆布・ワカメ・ヒジキ・ダイコン・リンゴ・シイタケ、消化促進には納豆・生のダイコン・生のキャベツ、抗酸化にはブロッコリー・ニンジン・カボチャ・キャベツ・ジャガイモ・すりゴマがよいと書かれています。これらは全て皆さんにおすすめしたい食べ物ばかりです。

特に共感を覚えたのは「全ての犬にベストな食事などない。体調を観察しながら必要な食材を補う」というくだりです。食べ物は体を整え、自然治癒力を発揮させてくれますが、化学薬のように直接的には作用しません。だからよいのです。

自分の体の声を聞きながら、あれこれ試してみることが大切です。美味しい本物の食べ物が、体を整えて健康へと導いてくれます。

汗かきの人、実は冷えています

SNSは予想以上に面白く、このコミュニケーションツールがどんな新しい流れを生み出すのかとワクワクしています。全くゆかりもない地域の、会ったこともない人たちの日々の暮らしや価値観の生の声がとても興味深いのですが、私としてはやはり食べ物に関する書き込みに目が留まってしまいます。

ある方は週に何回も病院に通っている様子で、何の病気かしらと心配で見ていたところ、不妊治療中でした。不妊には様々な要因がありますが、冷えが根本の問題といっても過言ではありません。東洋医学では冷えは万病の元といわれていますが、現代人には隠れ冷え性が多いことに驚かされます。

冷える原因も様々ですが、やはり食べ物が大きな影響を与えています。この方の投稿を見ていると、蒸し暑くなる前から食卓にカレーが登場することがたびたび。それにピリ辛系が好きで、小麦食品・コーヒー・紅茶・甘い物もお好みの様子。

これらの食べ物は全て体を冷やします。辛い物を食べると汗をかくからあたたまると思われていますが、一瞬熱くなるだけで、すぐに汗をかいて体を冷やすのです。寒い時にトイレが近くなるのは、排尿をすることで体液の塩分濃度を上げて体をあたためるためですが、汗をかくのはそれとは真逆の作用です。また化学薬は、冷える食べ物以上に体を冷やします。不妊治療のための薬や痛み止めもそうです。

冷えている人は暑さにも弱いことが多いのですが、これは自律神経の調節がうまくできていないからです。暑がりで汗かきなのであたたまっているというのは大きな誤解。本人にその自覚がないほど冷えているのが隠れ冷え性の特徴です。自律神経が健やかに働いていれば、少し寒いかなと思ったら衣類などで調節できますが、自律神経の働きがにぶっていると、不思議なことに全く寒さを感じなくなるようです。でも実際は体の芯から冷え切っているので、ことは重大です。

体があたたまって出る汗は、太ももや腰周りなど表面積が大きな部分からかきます。首から上にだけ汗をかく人はかなり冷えています。これは東洋医学で気が、のぼるといわれる上気した状態。暑がりの人こそ冷えていて、体温調整がうまくいっていないのです。体があたたまっていると自律神経が正常に働き、暑さにも対応できます。

高い温度のお風呂でなくても短時間でのぼせてしまい、湯船に長く入っていられない人も冷えています。あたたまっているから長風呂が苦手なのではなく、冷えているからすぐにのぼせてしまうのです。

教室に通っているMさんもそんな一人。そろそろ通い始めて一年なのに、体型が前よりちょっとふくよかになってきました。心配になり「一ヶ月毎日朝から夜まで食べたものを記録してみてください。そうしたらアドバイスができるかも」と提案したところ、実にこまめに五月中旬から一ヶ月間の食事を記録してくれました。

マーカーで食べたものをブルーとピンクに色分けすると、ブルーだらけ。ブルーは、季節外れの夏野菜・甘い物・パン類・ヨーグルト・コーヒー・紅茶・チョコレートなど。体を冷やしムクませる食べ物ばかりで、バランスが取れていなかったのです。

頭の回転が速いMさんは、その色分けで自分が食べているものの性質をすぐに理解しました。無理なくやめることができる食べ物を訊いたところ、ヨーグルトなど数点は特に食べなくても平気とのこと。禁欲的に全てやめるのではなく、体を冷やしムクませる、生理に合わないものをいくつかやめるだけで、その効果は絶大です。旬の美味しい食べ物は、たっぷりと食べてください。

腸を綺麗にして健やかに

物心ついた時から、お釈迦様の額にあるようなポッチが、凡人の私の額にもひとつ。六月に神戸で生まれたのですが、母の話では、暑くて拭いても拭いても出る汗でアセモができ、それが化膿《かのう》してできたというのです。六月といえば梅雨。私が生まれた頃はエアコンも普及しておらず、高温多湿な環境で赤ん坊にアセモができるのはあたりまえのこと。北欧生まれだったらこんなシミができなかったのに、と日本の風土をうらめしく思ったものです。

でも、角度を変えて食いしん坊の目線で見ると、この風土があったからこそ生まれた日本独自の食文化の恩恵をたくさんいただいています。その代表選手が発酵食品。微生物が働くことで食品を美味しくし、保存がきくなどのいい変化が起きます。発酵とは私たちにとって好都合な菌の働きであり、不都合な働きが腐る、という現象になります。

日本各地にその土地特有の有効な菌が生息しており、それが地方独自の美味しい食べ物を作ってきました。残念なことに地方特有の発酵食品は消えつつあります。しかし、醤油と味噌は全国画一化されたとはいえ正に日本の発酵（醸造）食品の王様で、日々の料理になくてはならない存在です。

風邪は体力が落ちた時にひきやすいのですが、体力が落ちるというのは、体の免疫力が落ちた時とも言い換えられます。この免疫力のおよそ七〇%は腸内が司っています。だから腸を健全に整えておくことは免疫力を上げることとなり、風邪にもなりにくくなるのです。

腸が健全な状態とは、腸内細菌のバランスが整っている時です。腸の中にすむ善玉菌と悪玉菌は日々その勢力争いをしていますが、善玉菌が二〇%、悪玉菌が一〇%以下（残りの約七〇%がどちらでもない日和見菌）に保たれている時が健全です。面白いのは、悪玉菌が全くなくなっても健全ではないというところ。

腸の善玉菌を増やしてくれる強い味方は、日本の発酵食品です。腸内の乳酸菌を増やすためにヨーグルトを食べる人がいますが、日本人の腸に有効に働くのは牛乳由来の乳酸菌ではなく、日本の発酵食品に存在する乳酸菌です。暑い時季に美味しくなるぬか漬けにも乳酸菌がいっぱい。よいぬかと塩を使い、よく手入れされたぬか床で漬けた漬物は臭くなく、美味しくいい香りです。本醸造の醤油の香りの成分には、バラの花と共通のものがあるそうです。

カビの力で作られるかつおぶしも、他の発酵食品も、現代では菌（微生物）の力を借りずに作られることの方が多くなってしまいました。醤油や味噌、漬物が嫌いという人は、きっとそういった発酵食品もどきを普段口にしていて、本物の発酵食品の美味しくいい香りに出会っていないのかもしれません。

同じところにいてもインフルエンザや食中毒にかかる人とかからない人がいますが、その差は腸の健康です。そして、腸を綺麗にすると肌も美しくなります。健康でいるためには、腸が綺麗であることが必須条件といっても過言ではありません。正しい製法で作られた美味しい日本の発酵食品や伝統食品を日々の食卓に取り入れ、健やかになりましょう。

ペットフードの真実

　愛犬みかんが十歳になりました。どこも悪いところはなく、その若々しさに獣医も驚いています。最初はオーガニックフードにニンジンのすりおろしたものを混ぜたりしていましたが、一歳からは完全に手作りごはんです。

　ひと鍋に、野菜・イモ類・乾物・だしを取った後の昆布・地鶏のレバーや肉・おから・雑穀を数種類入れ、煮込んで作ります。一週間分をまとめて作り、小分けにして冷蔵や冷凍にしておいて、食事のたびに室温にして、その時に五分搗きごはんも加えます。そして最後にオリーブオイルと納豆と黒すりごまをトッピングします。犬は肉食と思われていますが、実は雑食なので人間と同じ食材で問題ありません。みかんは肉も好きですが、お米やぬか、納豆が大好きです。

　ペットフードは安価ですし、手軽で人間にとっては便利です。しかし現在日本では、ペットフードに対して法的な基準はありません。基準がある人間の食べ物ですら添加物まみれの中、基準のないペットフードは人間には使えない材料で製造されています。

その原材料は畜産の現場でできる不要物。たとえば病気の家畜の内臓や病死した家畜など、人間の食品基準で不合格になった廃棄物が使われます。それらに着色料・着香料・防腐剤などを加えて作られるのです。ビタミン豊富とうたわれていても、それは化学合成されたもので、動物の体で有効に使われるものではありません。みかんが病気知らずで十歳を迎えたのは、普通の食べ物を食べてきた結果だと思います。

みかんが我が家にきたのは生後四ヶ月。その頃からワクチン接種をするように言われ、毎年一回混合ワクチンをしていました。ワクチンの内容、実態を知らなかった私は、みかんのためにと思い接種をさせていました。ワクチンは、ある病原菌を卵などの生体で培養して、化学薬剤や水銀を加えて作られます。どのワクチンも基本的な製造方法は同じです。

その実態を知れば知るほど、高いお金を使いどれだけ犬の体に不利益になることをしているのかがよくわかりました。そして基礎体力をつける食生活や環境を整えることに専念し、水銀などを含んだ薬品をみかんの体に入れるのをやめることにしました。

健康なみかんですが、月に一度馴染みの獣医のところへ、フロントラインとフィラリア薬をもらいに行っていました。フロントラインは、犬猫のノミ・ダニの忌避《きひ》剤で、首あたりの皮膚の一部に液体の薬剤を塗布すると四日ほどで皮下にいき渡り、ノミやダニが一ヶ月はつかないというものです。みかんのためと思っていましたが、その成分は農薬そのものと同じ。農薬が体内に入るとただちに影響は現れないのですが、脂肪層などに蓄積して、やがて弊害が顕著になります。それを知ったからにはみかんの体に農薬を入れることはできません。そこで私は天然の虫除けをこまめにスプレーして、クシやブラシを使って虫がついていないか確認することにしました。もしダニに刺されても、お酢をスポイトで点滴すると数時間後にはポロっと取れてしまいます。

蚊が犬の血を吸うと、それと同時にフィラリア原虫の卵が体内に注入され、血管の中で育ち、やがて成虫になって心臓に達し、ひどい苦しみの中に死んでしまうこともあります。フィラリア薬はそれを防ぐ薬です。今でも外飼いの犬はこのフィラリアで死ぬことが多く、これだけは悪いと知っていても、蚊がいる季節には月に一度飲ませないわけにはいきません。

動物も今の時代、健やかに生きていくのは大変です。愛犬みかんも私も健やかに長生きができるよう、あきらめずに日々基本を実践するのみです。

元気の元はよく噛むこと

体の細胞は口にした食べ物からできています。食べ物を分子レベルまで消化し、体に吸収して血液に変換するのが腸です。綺麗な腸を維持することが大切ですが、その前に食べ物を腸まで送る入り口である口が重要。つまり、よく噛むことです。皆わかっているけれど、軽く見ていませんか？　かくいう私も、早食いの大食いで「よく噛んでいたら美味しくないよ」というタイプでした。

でもスタッフのMちゃんと仕事をするようになって、噛むことの大切さを実感しました。彼女と食事をすると会話がないので、最初は機嫌でも悪いのかなと思っていたのですが、よく噛んでいるので口はおしゃべりに使えなかったのです。ある時こっそり数えてみると、四十回も噛んでいました。どんなに急いでいる時でも、どんな状況でもこの噛むはきちんとなされているのです。

Mちゃんの何がすごいって、いつも元気で気分の波がなく、遅刻欠勤もないのです。色々と訊いてみたのですが特別なことをやっている様子もなく、よく噛むことが彼女のタフさを作っているとしか思えません。子供の頃からのお母さんの教えで、よく噛むことがすっかり身についたのだそう。何と素晴らしい母からの贈り物でしょう。

唾液にはアミラーゼという酵素が含まれています。これはデンプン質を消化する酵素で、噛んでいる間にほとんどのデンプン質を消化します。よく噛むことで唾液がいっぱい分泌されます。一口で三十回噛むとよいそうで、ごはん粒を三十数えて噛んでみると粒でなくなり、ごはんがより美味しくなります。

唾液は酵素やホルモンを多く含み、単に食べ物の消化の第一歩という以上の働きをしています。噛むことで腸の働きを刺激し、多少体によくない食べ物もよく噛むことで無毒化されるという専門家もいます。

私も見習ってよく噛むようになってから体が軽く感じるようになりました。唾液には若返りのホルモンも含まれているので、タダでできる健康維持法としても噛まない手はありません。

スイカも麺もよく噛むMちゃん。私はまだスイカはサクサク、麺はツルツルとした方が美味しい気がするけれど、冷えたスイカをよく噛むMちゃんの姿を見ると「タフの源はやっぱりコレだ」とつくづく思うのでした。

お米の国に生まれたのだから

蓼科の林の中を散歩しているとすっかり落葉が終わり、ふかふかの絨毯の上を歩いている気分で、ひんやりした空気の中、童話の世界にいるようです。蓼科に冬の気配が訪れる頃になると、無農薬有機栽培で米作りをしている各地の知人から新米の便りが届きます。慣行農法（化学肥料・農薬を使う農法）では、早いところでは九月から新米が登場しますが、有機栽培は苗を植えるのも遅く、稲刈り後にはさがけ・天日干しをするところは十一月からが新米の季節となります。

Tさんは不耕起・無肥料・無農薬での米作り。耕していないカチカチの田んぼに棒で穴を開け、苗を一本ずつ手植えするという気の遠くなるような方法で丁寧に作っています。うるち米の原種を除草もせずたくましく育てているので、できた米の一部が先祖返りをして、赤米や黒米が混じっています。炊き上がりはパサッとしていますが、じっくり噛むと米本来の深い美味しさが口いっぱいに広がります。

東京でギャラリーを営んでいたUさんは、四年ほど前に長野に田畑を買い、これからは農業を生業と定めた人です。毎年新米をいただいていますが、玄人はだしの美味しい米を作るのにはただただ感服します。Uさんは田んぼの草取りの負荷がかかり手首を傷めてしまい、今年は手首が曲がらない中での米作りだったことを聞いていました。田んぼの草取りは、畑のそれとは比べようもないほど大変で過酷な作業です。

長年教室に通っているインド人のPさんから先日『キング・コーン　世界を作る魔法の一粒』というタイトルのドキュメンタリー映画のDVDをいただいたのでさっそく観ました。作中、毛髪を分析するとその人の体がどんな食べ物からできているかがわかると紹介されていました。あるアメリカ人は、何とトウモロコシ由来の体という分析結果。アメリカ人は肉食のイメージですが、牛を育てるのにトウモロコシが与えられ、さらにはトウモロコシからシロップが作られあらゆる加工食品に使われているので、現代のアメリカ人の体はトウモロコシでできているというのです。

アイオワ州の広大なトウモロコシ畑では、除草剤をまいて一気に雑草の処理をするため、除草剤で枯れないように遺伝子組み換えされたトウモロコシを作っています。作業は大型機械を使うのですぐに終わり、農家は時間を持て余すくらい。大量に安く生産できるので、安い加工食品ができるというわけです。

農作業を効率的に行うために、遺伝子を操作して三つの品種を作りました。一つ目は、作物を食べた虫を殺す農薬作用のある品種。二つ目は、除草剤をまいても枯れない品種。特定の除草剤をまくと雑草だけが枯れるのです。これらは主にトウモロコシ・大豆・ジャガイモ・菜種で行われていますが、他の農作物にも広がっています。最後は日持ちする品種。これは主にトマトに使われており、熟してもやわらかくなったりカビが発生しないように遺伝子が組み換えられています。

遺伝子組み換え作物の問題点は、自然界にない作物を食べた人間や環境に与える影響が懸念される点です。フランスで行われた実験では、遺伝子組み換えのトウモロコシを与えたラットの五〜八割にピンポン玉からテニスボール大の腫瘍ができ、約七割が死亡しました。

直接食べなくてもトウモロコシからコーンシロップ（果糖ブドウ糖液糖）が作られ、甘味料や味の調整用として種々の加工食品や飲料に使われています。家畜の飼料にも大量に使われていて、約九五%がアメリカからの輸入品、そのうち約八五%が遺伝子組み換えのトウモロコシ。つまり、遺伝子組み換え作物を食べていなくても、肉や牛乳を口にすればそれを食べていることになるのです。

また家畜の排泄物から有機肥料が作られており、それらを使って有機農作物が栽培されています。遺伝子組み換え作物の弊害は少しずつ体に蓄積されます。気にせずに食べ続けるか、少し気にして口にするものを選んでいくかで大きな差がつくのです。

よく〈遺伝子組み換えでない国産大豆を使用〉という表記をした食品を目にしますが、一〇〇%そうだとはいえません。遺伝子組み換えのものは全体の五%以下なら混ざっていても遺伝子組み換えでないと表記でき、それに全量の五〇%以上が日本産であれば国産と表示できます。たとえ国産で遺伝子組み換えでないとうたっていても、安い食品には裏があると疑ってください。どうしてそんなに安価で提供できるのか、そこには必ずそれなりの理由があります。

日本もアメリカほどではありませんが、大規模化で生産効率を上げることを目指しています。一方、私が新米の便りをいただく皆さんは、小規模で手間ひまかけて丁寧にお米を作っています。全員が元々は農業を職業としていなかったのに、現在の日本の食のありように疑問を持ち、自然とともに生きる道を選んだ人たちです。

お米は日本人の主食といわれて久しいですが、今日いったいどのくらいの日本人がお米を心から美味しいと思い、お米にたよって日々暮らしているでしょうか。ごはん粒を食べると体温が上がり気力も充実します。美味しく炊けたごはんさえあれば、忙しくても疲れていても、漬物などちょっとした塩気とともに一息でき、お腹も満足し活力が出ます。ごはんには肉も魚も野菜も、どんな食材も包容する力があります。ごはんを十分に食べていると炭水化物が体中でゆっくり糖化してくれるので、甘い物がほしいという状態にもならず、健康的に過ごせます。

アメリカは一九七〇年代、国民の食費の負担を減らすため農家に助成金を出しキング・コーンを大量に生産する政策に向かいました。その結果、アメリカ国民は不健康になっていったことは様々な研究からも明らかです。日本でもなぜこんなに多くの人が心を病んだり、ガンで命が奪われているのでしょう。

一人ひとりが食べ物の生い立ちをじっくり見つめ、正しい選択をしなければならない時にきています。質の高い美味しい食べ物を選択した人は必ず心身ともに健康で、活き活きした生活を手に入れています。

汗の結晶のような新米を丁寧に洗って、土鍋でゆっくり火にかけると、鼻をくすぐる香りとともに、美味しいごはんが炊き上がります。お米の国に生まれた幸せを、ほかほかのごはんとともに噛みしめてください。

料理をしなくても大丈夫

新鮮なものだから美味しいと言えるでしょうか。私は採れたてにこだわる必要はないと考えています。とりわけ冬が旬の野菜はハクサイ・ダイコン・ゴボウ・ニンジンなど長期貯蔵ができるものばかり。シワが寄ったりして見かけはパッとしなくなりますが、貯蔵することで甘味が増して美味しくなります。私は毎冬、ハクサイやダイコンを新聞紙や布で包んで、日の当たらない涼しいところで保存しています。

この時季に活躍するのが乾物や干し野菜。湿度が低い冬から春にかけて、簡単に手作りできます。レンコン・ゴボウ・ニンジンを薄切りやせん切りにして、ザルの上にクッキングシートをしき並べておくだけ。室内の窓辺などに置くと短時間で干せます。水で戻して使うのはもちろん、そのままだしに入れて戻しながら煮ることもできます。

手の込んだ料理をしなくても大丈夫です。朝はお湯に美味しいと思う量の塩や醤油を加えて、ゆっくり飲んでください。インスタント麺を食べたい時は代わりに、どんぶりにかつおぶしパウダーと醤油を入れて熱湯を注ぎ、そこにゆで上げたうどんやそばを入れて食べてください。お腹が空いたらナッツに味噌をつけていただきます。ポテトチップスの代わりに、どんぶりに直接ダイコンやニンジンをスライサーで薄く切って入れて、オリーブオイルと醤油をかけます。ごはんにもオリーブオイルと醤油をかけて、よく混ぜていただきます。

コンビニ食にたよらざるを得ない時におすすめしたいのがお包み作戦。クッキングシートを広げ、半分に切った海苔をしきごはん粒をヘラで広げます。その上から塩をパラパラとふりかけ、シートを包むだけ。これを先に少し食べておけば食品添加物などの影響を随分と軽減することができます。

これが用意できない時は、レーズン・プルーンなどのドライフルーツ、クルミやカシューナッツなどのナッツ類、それに昆布をガム状に切って持っていると安心な支えになります。私はこれに加え、冬の間はリンゴを切り分けてバッグにしのばせておきます。そして練り梅・醤油・豆味噌を小分けにして入れておけば体調を崩しません。

少しの工夫をしながらうまく折り合いをつけましょう。ゆっくり時間の取れる時に食卓を整え、帳尻を合わせることでよい方向に進んでいきます。

病気と薬、食べ物と体

正しい（と思われている）ことには、正しくないことも多いように感じます。特に病気と薬、食べ物と体について、強くそう思うのです。私は、真実に気がつけば早く簡単に健康になれるのに、という思いでいます。本来私たちには自然治癒力が備わっているのですが、免疫力を抑制する薬は病気を治療しないばかりか真逆に働きます。

たとえば痛み止めの消炎鎮痛剤。手軽に入手できるため使用している人も多いこの薬、服用すると交感神経を緊張させ血流障害を起こし、知覚が鈍化して痛みが感じられなくなる、すなわち痛みが止まったような錯覚をするのです。

痛みの原因は血流障害なのに、薬で血管が閉じて血流が悪化します。根本的には何も解消されていないため、しばらくすれば再び痛み始めます。さらに薬を服用すれば交感神経は一層緊張し、永遠の堂々めぐりをすることになるのです。そして血流障害のため、冷え・耳鳴り・めまい・頭痛・腰痛も併発してしまいます。消炎鎮痛剤を長期間使用すると、アドレナリン（緊張・興奮系ホルモン）が過剰になります。アドレナリンは毒性が強く体内をめぐると様々な弊害を引き起こし、あらゆる病気へ進んでいくことになります。

消炎鎮痛剤だけではなく、薬と体の関係はこんな具合で、折り合いが取れるものではありません。リウマチの薬や解熱の注射は、子供の体には負荷が大きく、だから子供の頃の私は、病院に通えば通うほど虚弱体質になっていったのです。

食べ物と体について私ならでは選択基準があります。私は、好き嫌いなく色々なものを食べるけれど、何でも食べることはしません。私が求めるのは、食べ物が本来持っているあたりまえの美味しさ。料理する以前の、食材の美味しさを譲らないということです。

有機栽培のトマトやキュウリは冬でも買うことができますが、これらはあたりまえの美味しさを持ち合わせてはいません。農業技術で年中栽培可能ですが、トマトやキュウリが自然に成育する夏の太陽光は、人工的には再現できません。本来の成育する季節ではないので、細胞レベルで新鮮ではなく、本当の美味しさは望めないのです。

現代では、農業者でさえ本当の旬を知らない人もいるかもしれません。まして や、田畑と離れたところで暮らしている人はなおさら。私は気持ちがよいから、楽しいからという理由で、通いでのファームを始めて三十年になります。耕さず肥料も使わない、草も生え放題の自然農法で、山の樹木の自然循環がお手本です。ファームに通っているうちに気候に敏感になり、本当の旬がわかるようになりました。

旬のトマトはとびきりの美味しさです。その時をずっと心待ちにして、本来の姿のトマトを「あぁ美味しい」と心底感じながらいただくのです。すると灼熱の真夏の太陽ジリジリの下での作業の時でも、元気がもりもり湧いてきます。舌先だけではなく、体の細胞の一つひとつに必要なものが入っていくことを感じられます。

私の教室ではその季節の野菜や穀物しか使いません。全て生命力のある命をいただいています。そうしていると次第にあたりまえの食べ物に呼応する体になっていきます。いつしか健全な味覚も養われ、その時々の自分の体に合った食べ物が選択できるようになります。健全な味覚を育てる方法は色々ありますが、まずはその季節に、あたりまえに育つものを選んで食べることです。生命力のある美味しい食べ物は短期間で体と心を健全な方向に導いてくれます。これは私たちの数十兆個の細胞が食べた物で絶えず作られているから、当然のことなのです。

オーストラリア先住民族・アボリジニの言葉に「最後の木の一本が切り倒され、最後の川が汚染され、最後の魚が捕らえられた後、そうなって初めて金銭は食べられないと気づくだろう」というものがあります。普通に暮らしていると、よほどのことがない限り、善をもってものや人に対応するのが当然だと考えがちです。しかし経済至上主義の上には全てのことが黙殺され、個人の安全な暮らしも健康も、保障の限りではありません。原発事故の場合は、放射能という特異性から注視されています。しかしガンを発生させる食品については、ゆっくり影響を与えるため、すっかり見過ごされています。

真逆の情報を目にすることもありますが、耳触りのいい言葉を信じるのではなく、奥まで探り本当に納得できることなのか、一つひとつ頭をめぐらせる必要があります。そうしているうちにばらばらに見えていた事柄が一本の線で繋がり、やがては面になり立体に見えてきます。そうなれば間違った情報に振り回されず真実が推察できるようになり、生きた知識となります。これが健康や命を守ることに繋がっていくのです。

食べ物と体、心地よい暮らしについての健全な情報が少ない現代ですが、人生を豊かに幸せに重ねていこうと思うなら、考え、感じ、生命力のある美味しい食べ物に向かってください。

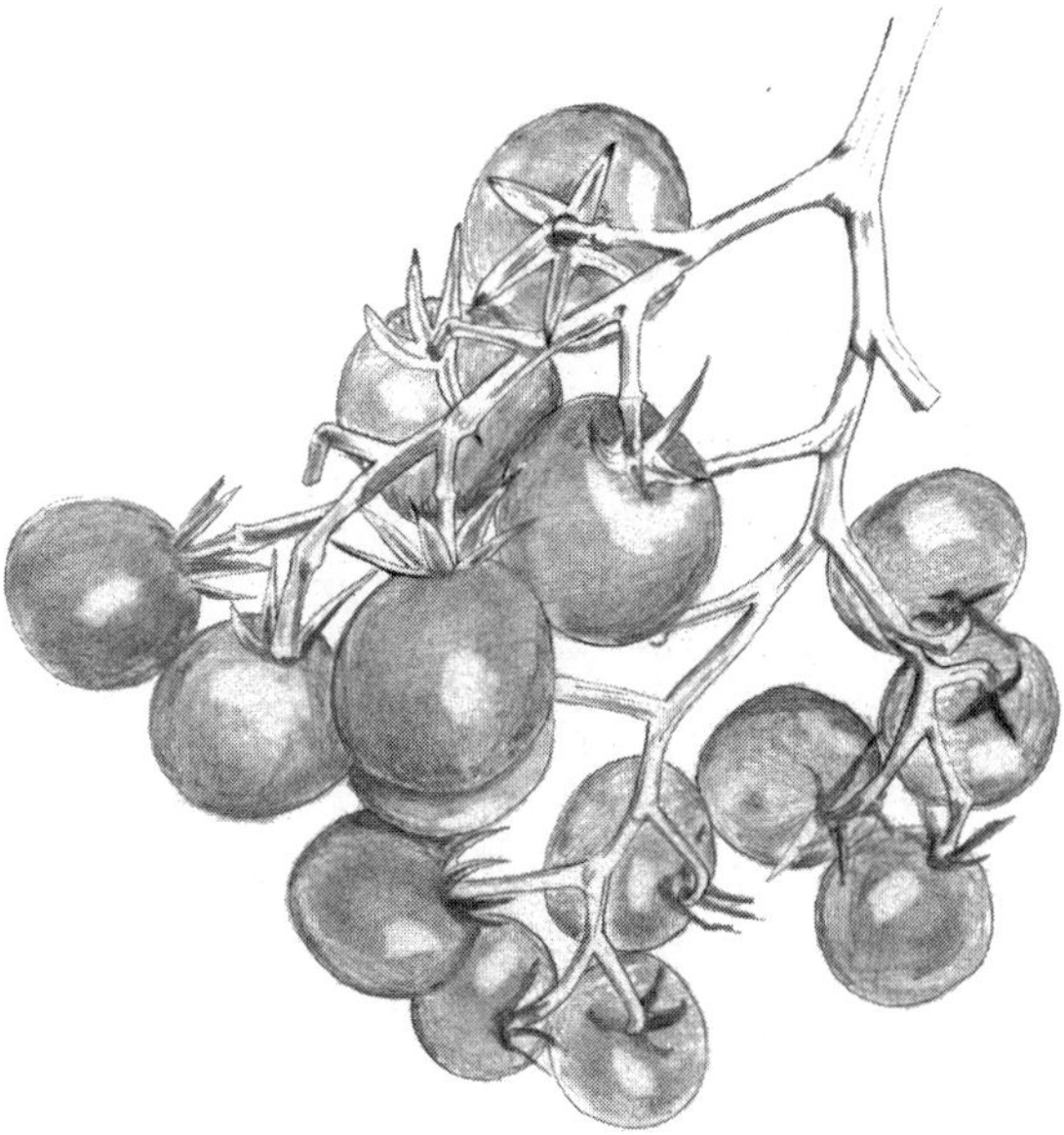

雑草を味方にするファーミング

桜も咲き始め、あたたかい日が多くなってくると、教室のある都心でも小さな植え込みやコンクリートの割れ目にまで、いつの間にか雑草がモコモコと生えてきます。本当にすごい生命力です。ガーデニングには嫌われものの雑草ですが、私は蓼科でファーミングを楽しむようになってから雑草が好きになりました。

春に生える野草は不思議と食用になるものがほとんどです。まずはタンポポやヨモギなどの葉を摘んでおひたしやサラダに混ぜて楽しみます。葉っぱを美味しく食べた後は、可憐な花が目を楽しませてくれます。

日本の農業では除草することが常識になっていますが、私は楽してファーミングをしたいので草たちを味方にします。畑を耕したり肥料をやったりしません。草が味方になって、小さな虫たちも協力してくれるから土はフカフカ。早く早くと急き立てなければ美味しい収穫物を与えてくれます。長さが何センチと決まった真っすぐなキュウリを出荷するようなプロの農家から見ると嘘みたいですが、本当の話です。

私のやり方は作物を育てたい場所だけ、鎌で地表ギリギリのところで草を刈り、根は抜かずそのままにしておきます。そして指か小さなスコップで穴を掘り、種を落として土をかけます。カットした草を穴の周りにしいて、これで終わり。種から芽が出て育っていく過程で作物より周りの草が大きくなった場合、太陽が作物に当たるように少しだけ刈ります。しかし、初めに刈った草をしいてあるので、邪魔な草はそんなにありません。刈った草をしくことを草マルチといいます。草マルチをするだけで、肥料をやらずとも美味しい野菜ができます。

無農薬有機栽培で野菜を育てているプロの農家の野口善一さんは、色々な農法で野菜作りをしていて、不耕起無肥料栽培もしています。野口さんの様々な栽培法の同じ種類の野菜を食べ比べてみると、不耕起無肥料栽培のものが一番きめが細かく、上品な味わいに育っています。

野口さんは不耕起無肥料栽培の野菜は販売していません。スーパーで販売しているものに比べると、見かけが小さく見劣りしてしまう上、一キロいくらで出荷するとどうしても安くなってしまうのです。食べる人の理解がなければ難しいと野口さんは考えているようです。

とても不思議なことですが、野菜の美味しさや栄養面は、一般の市場では価格に反映されないのです。それはオーガニック野菜の流通においても同様です。野口さんのようなプロの農家の不耕起無肥料栽培の野菜を食べることは、食べ手にとって本当の美味しさと健康を手に入れられることであり、さらには環境に負担もかけない、まさに一石三鳥の夢のような話だと私は思うのです。

楽しみでファーミングを始めて以来、畑から色々なことを学んでいます。畑と同じように、人の生き方も自然にあるがままにしている方がうまく楽しくいくのではないでしょうか。やりたいことをして（したくないことはしない）、美味しいものを食べて（まずいものは食べない）、幸せな心持ちでいるのが一番と、快楽主義の私は思うのです。

ファームの一年

標高千メートルにあるファームの始まりは毎年四月下旬。東京からの通いなので晴耕雨読とはいかない場合もあります。まずはビニールハウス張りから始まります。ビニールハウスは作物を育てるためだけでなく、道具小屋、作業小屋、キッチン兼リビングの役割も果たします。五月中旬にやっと種蒔きが始まるため、畑には作物はまだ何もありません。でも苦味が体にさわやかな春の草たちが顔を出しています。そしてよく見ると、何もないと思っていた畑にはニラ・アスパラガス・イタリアンパセリが寒さに耐えて元気に育っていました。

周囲の畑はビニールマルチを施して地温を上げて早くから苗の定植をするのですが、私のビニールハウスは天井だけで横は解放されています。そのため本当はまだ早いのですが、トマトの苗もこの時季に植えます。毎年こぼれた実から自然にトマトが芽を出し、気がつけば苗で植えたものより大きくなっていくので、今年は例年の半分以下にしました。

低温が続き七月が過ぎてもトマトの芽が出ず、少し弱気になっていました。しかし八月末から九月にかけてエネルギーが爆発したように勢いがついて大きくなり、鈴なりの実をつけました。勢いは十一月まで続き、新しい芽がすごい早さで続々と育っていきました。今年の天候をトマトの成長と重ねてみると、とても納得できました。春の低温、早い梅雨入り、多雨で植物たちは様子を見ながらゆっくり成長をして時を待ち、遅れを取り戻すかのように一気に育ったのです。

こぼれ種から発芽したトマトも、不都合な場所から出てくるのでいつもは抜かれる運命ですが、今回はのびのび成長させたところ苗で植えたものよりも元気でした。テーブルの下から出てきたトマトはテーブルトマトと呼んで成長を見守りました。そして実験的に昨年食べたトマトの種を蒔いておいたものは、実にゆっくりでしたが成長し、最後には堂々と育ちました。このことは今後のファームのやり方に大きな希望を与えてくれました。のんびりと待つ心のゆとりがあれば自家採取の種から育てることができると思うと、今から来年が楽しみです。

秋冬物の野菜の種は八月下旬に蒔くのですが、あいにくその頃は台風で大雨続き。どしゃぶりの雨の中で種を蒔きました。その後も雨続きで腐ったり流されたり散々な結果になってしまいました。しかしポツポツと育ってきたカブ・ハクサイ・緑ダイコン・紅ダイコン・野沢菜はどれも素晴らしい味に出来上がりました。

今年の後半は予定通りに畑通いができず、放置したままでしたが、人間があれこれ手をかけるより植物たちの自然の循環の力に任せたことで、かえってうまくいったようです。自然任せのやり方は、それぞれの作物が自身の力を最大に生かし美味しくなる、言い換えれば健全な作物ができる最良な方法だと確信しました。

最後にファーマーが大集合して、鞘《さや》ごと乾燥して待っていた花豆たちを収穫しました。鞘から出して東京に持ち帰りさらに乾燥させます。その後、道具類をまとめ、ブルーシートで畑を覆い、ハウスのビニールを外しておしまい……のはずが途中で雨が降ってきて、ビニールを外す作業は年末まで延期となりました。しかしながら、無事に今年のファームじまいができました。

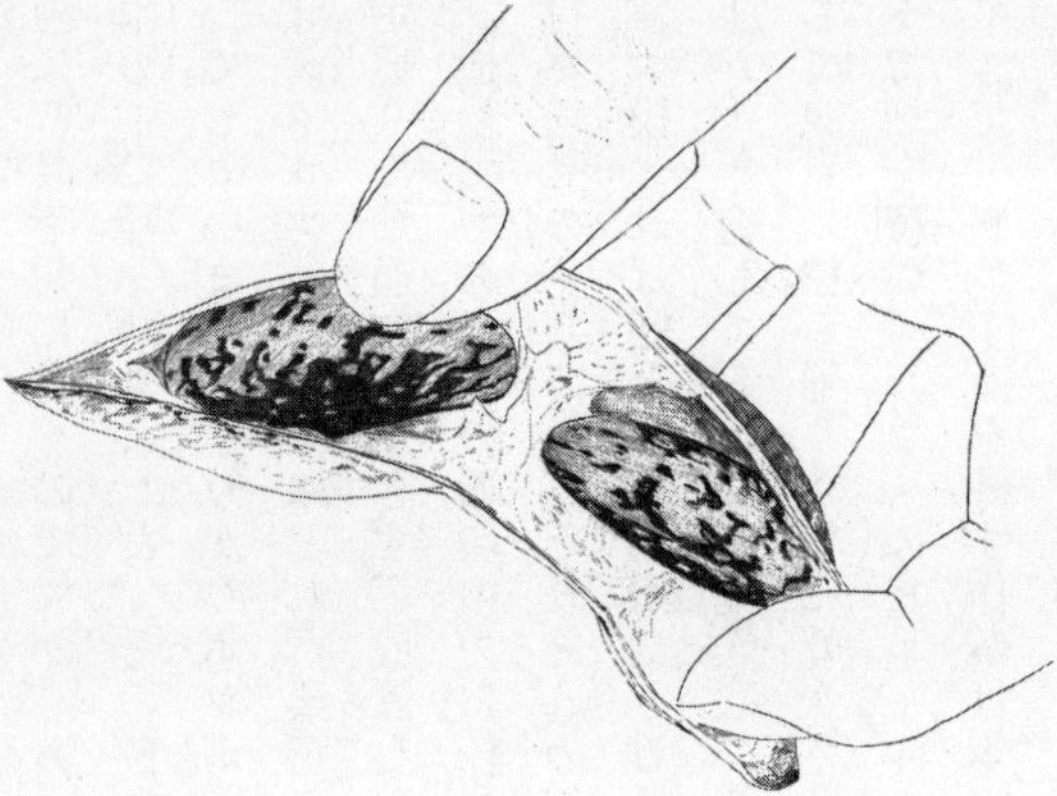

農業とファーミングの違い

寒いはずの時季は暖冬で冬野菜が早く終わってしまったのに、夏に向かおうとしている今、何だか涼しい。陽射しがあるところは暑いくらいなのに、風が冷たいのです。ファームにいるとより鮮明に感じます。寒冷地で標高が高い蓼科でも例年は五月末には種を蒔いたり苗を定植したりするのですが、今年も六月に入ってからになりそうです。この地域の農家の人たちはビニールマルチという黒い被覆材で土を覆い、植えつけをする部分だけ穴を開けます。こうすると地熱が上がり早く作物が育つのです。さらにビニールハウスを使い温度を上げます。そして農薬ばかりか、早く大きく育てるために化学肥料も使います。

友人から旧暦の話を聞きました。旧暦ではうるう月が生じ、約三年に一度どこかの月が二度繰り返されるのだそう。今年は二月が二回、ということは冬が長く春が遅く、こういう年は冷夏になる確率が高いそう。ヨーロッパで行われているバイオダイナミック農法では月の満ち欠けを見て種を蒔き、収穫します。日本は長い間旧暦に沿って畑作業を行なってきましたが、旧暦は太陽暦より一ヶ月ほど遅くなります。

現代農業は人間の都合、経済上の理由が優先され、確実性と早く大量に生産することが求められます。そのために技術や化学力が駆使されてきました。それは自然と調和しながらのびのび育っていく、本当の野菜の姿とはかけ離れたものです。人間が自然をねじ伏せる力の方が大きいように感じます。農業技術の全部を否定するつもりはありません。しかし本来、野菜や穀物は命を育むものです。美味しく元気に育ち、作物自体が健全であることが何より大切ではないでしょうか。

野口善一さんが育てている無農薬有機栽培のダイコンと、彼が実験的に育てている自然栽培（不耕起無肥料栽培）のダイコンの味比べをさせてもらいました。一方は普通に思い浮かべるダイコンのサイズで、不耕起無肥料栽培の方はとても細身。でも切ってみると、後者の方がきめがより細かく上品で、奥深い味わいなのです。同じ人が作った作物にこれほど大きな違いがあることは驚きでした。

もちろん彼の有機肥料（緑肥といって草などを土にすき込み混ぜていくもの）を使ったダイコンも他の有機栽培と比べて数段美味しいものでしたが、不耕起はその上をいっていたのです。野口善一さんの技術力と感性をもってしても、自然に沿ってその力に任せた方が素晴らしい野菜に育つのでした。

私のファームは楽しく野菜を育て、収穫できたものをその場で料理することを目的としています。農業と分けて、こんな方法の野菜作りをファーミングと呼んでいます。ファーミングは経済効率を重視しないので、野口さんが売り物としては手がけられなかった自然栽培で作ることができるのです。素人の私が作っても、ゆっくり野菜のリズムで育つと、野口さんに負けない美味しい野菜ができます。

農業は食卓に一番近い存在のはずなのに、とても遠いものになってしまいました。家に少しでも土の面がある人は、不耕起無肥料栽培の楽々ファーミングを始めてみませんか。急がず二〜三年かけて、土が自然の循環になるまで見守ってください。そうすると、とびきり美味しい贈りものと、幸せ感を手にできます。

無農薬より減農薬？

あるドキュメンタリー番組で、キャベツの産地である嬬恋《つまごい》の農家が減農薬に取り組む過程を紹介していました。例年は農薬を三十七回散布するところを半分にするよう、農協の応援の元に農家が真摯に取り組んでいる姿がありました。

ＪＡＳ（日本農林規格）の決まりで、その地域における農薬の平均散布回数の二分の一以下であれば減農薬と認められて、高い価格で販売できるのです。嬬恋の場合は三十七回の半分以下、十八回で大丈夫ということになります。

野口善一さんの話によると、千葉県では慣行農法の場合でも四回くらいの農薬散布とのこと。ＪＡＳの決まりでいけば二回以下にしなければ減農薬になりません。嬬恋の農薬散布は十八回、千葉は四回でも、ブランド産地の嬬恋のキャベツの表示は減農薬となり、千葉のキャベツは減農薬の表示はできません。

ほとんどの野菜や果物には農薬が使われています。洗えば大丈夫と考えている人も多いと思いますが、水溶性で無味無臭な農薬は内部にまで吸収されるため洗って落とせるものではありません。一回の摂取量はわずかでも、脂肪などに蓄積されやすいので体内に溜まってしまいます。体内に取り込まれるとホルモンバランスが崩れ、頭痛・吐き気・めまい・不眠・記憶障害など様々な弊害が起きます。

農薬は田畑で使用するものと思いがちですが、暮らしの周りにも農薬と同じ薬品を使った製品がたくさんあります。害虫を退治するための殺虫剤や洋服ダンスに入れる防虫剤、吊り下げ式の虫除け、それにペットのノミ・ダニ駆除薬も農薬と同じ成分です。床用のワックスや精神科の薬にも同様の成分が含まれています。

嬬恋のキャベツの大半は餃子などの加工用に納められ、加工工場は農家に虫が一匹もいないよう厳しく迫っていました。また消費者を取材した映像では、無農薬よりも減農薬の方が人気で、少々高くても安心だから減農薬を選んでいるとの声。ブランド産地だからといって決して安心はできません。有名無名に惑わされないで、本当に安心できる農作物を選びたいものです。

はしりものには手を出さないで

早すぎる、まだ早すぎる。まだ五月なのにスイカの出荷が始まったというニュース。農業技術の発達で、今は一年中色々な食材を手に入れることができるようになりました。はしりものは高い値段で販売されるので、競うように本来の季節よりも早く栽培した農作物が店頭に並びます。全ての農作物には本来の季節があるのに、スーパーの店頭を見ているとそれが全くわかりません。そして輸送手段の発達により、日本では栽培できない農作物が世界中から輸入されています。

自然に沿って栽培すると八月に入ってからがスイカの旬。今年は全国的に雨が多く、気温ばかりか地温も上がらず、そこに日照不足も加わり作物の成育が遅れています。サクランボも自然に沿った栽培のものは遅れていて、まだ赤くなっていません。しかしスーパーには赤いサクランボが並んでいます。サクランボはお日さまに当たって赤くなると思っていたのですが、農業技術で、それも薬品でできるのだそう。有名産地では巨大なビニールハウスで覆い早く早くと作るのです。蓼科のファームでは植物たちの力強さに驚きながら、色々なことを教えてもらっています。例年五月二十日頃に種を蒔いたり苗を植えたりするのですが、今年はまだ寒すぎるという地元の人の助言もあり、六月中旬になって種蒔きをしました。早く作業をしても霜に当たると全滅してしまうのです。

蓼科の気候に合っている花豆やモロッコインゲンは元気に芽を出し、ツルが支柱に巻きつくまでに育っています。トマトは苗をもらってきて植えたのですが、面白いことに二週間前には地上にその姿の片鱗さえ見せていなかった昨年のこぼれ種から育ったトマトが、植えた苗を追い越す勢いで成長しました。苗はビニールハウスで早く育てたものなので、トマトに無理をさせているのですが、こぼれ種は水もあげていないのにのびたい時季だからとグングン大きくなったのです。

人間が手をかけなければ農業は成り立たないわけですが、どこまでどんな方法で手をかけるかが問題です。食べ手としては、薬品でサクランボを赤くしているとは想定外のこと。もう打つ手なしかと落ち込みそうですが、一つだけ方法があります。天候に注意を払い、はしりものには目もくれずじっと旬を待つのです。スーパーではとっくに新ジャガは終わっている時季で、私はジャガイモを食べたくてウズウズしていますが、旬のジャガイモを待っています。地上部分が枯れた後、土の中のジャガイモが熟すのを待って収穫します。本来の旨味がしっかりと出ていて、じっと待つだけの価値がある、とびきり美味しいジャガイモです。

それに旬のジャガイモができる時季が人の体にも合っています。ジャガイモは根菜ではなく茎がイモ化したもの。ナス科の野菜なので体を冷やします。暑い日が続く頃にいただくのがぴったりなのです。さらにスイカはジャガイモもより数倍、体を冷やす作用があります。暑くて暑くて仕方がない、猛暑が続く頃が食べ時です。はしりのスイカを食べてしまうと冷えが原因で体に不具合が生じます。

人間の体も自然の一部です。感じようと感じまいと、食べているものの影響を確実に受けています。野菜たちがのびのび元気に育ってから口にすると、美味しさとその元気もいただくことができるのです。

虫が知らせる春の訪れ

新緑がまぶしい頃になると虫たちも活動を開始し、枯れ草に覆われ冬の間静まり返っていたファームでも、草が緑になり畑のあちこちで虫たちと遭遇します。虫への対策はしていないので、作物を育てるのに益虫といわれるものでも害虫といわれるものでも等しく生きる機会を与えて、全て自然の営みに任せてあります。

こういうと私がお釈迦様のような慈悲深い人間と思われるかもしれませんが、そんなことはありません。農薬を使わずに美味しい野菜を育てたいのと、東京からの通いなので手がかけられないこと、そして最大の理由は虫が苦手で、手でつかむことはもちろん、箸でつまむのさえ嫌だから、仕方なく自然に任せてあるのです。

そんな私ですが、以前は正視すらできなかった虫たちを観察することに夢中になっています。人間の中指ほどの大きさで黒と黄緑のストライプ姿をしたキアゲハの幼虫は、イタリアンパセリやフェンネルなどのハーブ類によくつきます。昨年、山椒《さんしょう》の小さな木にいたものに遭遇した際、突然のことに逃れることもできずじっくり眺めてみると、頭や足の形状が面白いことを発見しました。

キュウリの葉をムシャムシャ食べて台なしにするニョロは、キュウリの小さい時の姿によく似ています。真っすぐではなく、体に何ヶ所か折れ目がある菱形をいくつかくっつけたような不思議な姿です。トマトが青いうちに穴を開け中に入り、中身を全部食べてしまうニョロもいます。

愛犬みかんにあげると喜んで食べるので、覚悟を決め剪定バサミで挟んで与えます。このように時々はみかんの食料になりますが、体に黄色のストライプの入ったクモが、トマトとトマトの間に巣を張り捕食してくれるので、大半は放っておきます。空中に巣を張らないジグモもいて、土の中で暮らし、野菜につく虫たちを食べてくれます。強烈な臭いで嫌われもののカメムシも、香菜に寄ってくるものはあずき色と黒っぽい縦縞で、とても綺麗です。秋に産卵をするカマキリは、来る冬はどのくらいの積雪になるかがわかっているらしく、必ず卵を雪の上になる場所に生みつけます。多種多様な虫たちの生態観察も、今や大きな楽しみになりました。

東京の教室の入り口にある箱庭ならぬ箱畑。コンクリートで囲ってある植え込みですが、ここを小さな畑にしています。といっても野菜の茎やくずを時々ポイポイと捨てておくだけ。この場所を畑にしてくれるは虫たちです。ナメクジやダンゴムシが目立ちますが、目にするのはせいぜい十匹程度。しかし土の中にはおびただしい数の虫たちが生息しているようで、彼らが野菜くずを良質な土に変えてくれるのです。四十年間全く土を足したことがないのに、植え込みの土は確実に増えています。

どこからやってきたのか、昨年はこの箱畑でヒルを発見しました。調べてみると動物の血を吸うものではなく、ナメクジのエキスを吸い取るものでした。このプチ東京畑にはクロアゲハも訪れます。ビルの谷間のほんの少しの土壌でも、薬品を使わなければ、人間が何もしなくても自然の生物の営みの循環ができるのです。

ファーブルは自分の広くない庭だけを観察し続け、有名な昆虫記を書いたことを知った時、驚きとともに納得もしました。環境破壊が進んだ現代でも、身近に多種多様な生物が同居しています。彼らが生きられる環境は人間にも心地よいはず。不思議なことに、虫嫌いの私でも畑で様々な虫たちといると、とても楽しいのです。未だニョ、、ロがいると「ギャーッ！」と声を上げ、誰かに取ってもらわなければならないのですが、今年はファームでどんな虫たちと会えるのか、今から楽しみです。

生態系を壊さない暮らし方

蓼科の森の中を愛犬みかんと散歩すると、松の葉や落葉樹の葉、枯れ草の香りが押し寄せてきて、犬でなくともいい香りに鼻をクンクンさせてしまいます。上を見ると木々の葉が黄色や橙や赤に染まり、艶やかに目を楽しませてくれます。地面に目をやると大小、色も様々なかわいい帽子をかぶったドングリがいっぱいで、山栗の毬《いが》もあちこちに転がっています。

ファームではトマトに代わり、野沢菜やハクサイ、緑や赤や白のダイコン、長ネギが今をさかりとのびのび育ち、お腹の大きなカマキリが卵を産む場所を探しています。植物も虫たちも間違えることなくせっせとその生命活動を回していきます。きっと私たちの目には見えない微生物たちも、夏とは違った動きをしていることでしょう。季節は確実に冬へと向かっています。

生態系とは、植物や微生物から人間に至るまでの食物連鎖の繋がりです。その繋がりの中には優劣などなく、どれ一つ欠けても生態系は損なわれます。一つの種が地球上から消えるとその影響ははかり知れません。

近年深刻な問題になっているのがカエル。作業用機械を田んぼに入れるため途中で水を抜くのですが、その影響でカエルの卵がひからびて死んでしまうのです。その結果、カエルを捕食していた鳥が飢え、逆にカエルが捕食していた虫が増えているのだそう。

ファームはなるべく自然に沿って、またその力を借りて楽しむ農法なので、草刈り機以外の機械類を使う必要がありません。刈った草や落ち葉で地表を覆い、虫や微生物に働いてもらいます。今年は（人間から見ると）害虫が多少繁殖しましたが、めったに殺生をしなくなりました。好気性菌が働き生態系のバランスが取れてくると、害虫は自然と少なくなるのです。

人間がどれだけ介入しても大丈夫か、常にギリギリの線を考えて皆が行動しなければ、すでに崩れ始めている生態系の繋がりは修復できなくなってしまいます。

人間が機械を操り自然に向かえば、それは必ず生態系を壊すことになります。

また、農薬や化学肥料も大きな脅威です。これらは口にすると害があるという直接的な影響こともさることながら、生態系に大きな打撃を与えています。世間ではエコ生活のための色々な商品が登場したり、プラスティック製品の使用を削減して二酸化炭素の排出を抑えることに重きをおいていますが、もっと大きな地球の生態系、そして足元の身近な生態系を壊さない暮らし方を考え、行動することが急務なのではないでしょうか。

たとえば、化学肥料や農薬を使用した野菜ではなく無農薬有機栽培の野菜を買い、そういう農家を応援する。害虫を殺すのに化学殺虫剤を使わない。フリースなどの化学繊維ではなくオーガニックコットン、麻、シルク、ウールの衣類を着る。石けんを使わずシルクのタオルで顔や体を洗う。その他、できることはたくさんあります。そんな暮らし方は人間にとっても心地よいものです。

生態系を守る手助けをすると、自然は私たちを養ってくれます。農薬も化学肥料も使わない私のファームは現代農業の常識とは異なり、連作をしてもトマトがたわわに実る持続可能な畑になっています。たとえ虫に食われたとしても食べる分は十分に残り、とびきり美味しく元気な作物が収穫できます。

生態系がわかると自然観察が楽しくなります。虫が嫌いだった私も、すっかり冷え込んだ蓼科で、窓の外に虫を見つけることができないのをさみしく感じています。

お金では買えないもの

いつもは東京からの通いで、長くても二週間ほどしか滞在することがなかった蓼科のファームに、初めて長期で過ごす機会を得ました。

今回畑は放りっぱなしにして、もっぱら森の小屋周辺で過ごすことにしました。いつもは日中畑に出ているため、終日森の中で自然とともに暮らすのは初めての経験。滞在初日から、日の出とともにさえずりを始める鳥たちは、実は一日中おしゃべりだということを発見。小屋の屋根に溜まったカラマツの葉っぱに虫がいるのか、可愛らしい姿を間近でじっくり観察できました。

いつもは夕方から行動している鹿とも、昼間から遭遇する機会が何度もありました。声をかけるとこちらを一瞥《いちべつ》するものの逃げることなく、小屋の周りの植物をついばみ、ゆったり食事をしています。私たちが危害を加えないことを理解したのか、母鹿と一緒にこの春に生まれたと思われる子鹿も顔を出すようになりました。そして真夜中になるとフクロウの鳴き声が聞こえてきて、姿は見えないもののたくさんの小動物が暗闇の中で元気に活動している気配を感じます。

多種多様の昆虫も盛んに活動していて、七月下旬になるとやがて蝶や蛾に成長するニョロたちに遭遇する機会が急増しました。セミの幼虫たちも夕方頃に地上に這い出てきて羽化を始め、朝を迎えるとともに飛び立ち、森の中で元気に大合唱しています。

植物たちも動物や昆虫に負けじと、森の中で華麗な花を咲かせています。葉の形も様々で、植物に目を凝らしているだけでもたくさんの楽しい発見がありました。

空に目をやるとお日様とバトンタッチで星々が姿を見せ始め、真夜中には壮大な天体ショーを繰り広げます。明けの明星を見送ると空いっぱいピンクに色づき始め、やがて朝焼けの鮮やかなオレンジ一色に染まります。

この長期滞在の目的のひとつに、愛犬みかんの歩行リハビリがありました。東京のマンションの狭い室内では弱った足腰を鍛えることは難しく、広い自然の中で療養させたいと考えたのです。蓼科の小屋は電気だけは通しましたが、キャンプ生活に毛が生えたような暮らしです。森の中なので戸を開けたらすぐに用を足すことができます。トイレに行きたいというサインがあると私はすぐに戸を開けてあげて、みかんはよろけながらも自身の力で用を足します。終わった後はそのまま草が生えている緩やかな傾斜の上をぶらぶらと、みかん自身のペースで歩きます。これがいいリハビリになり、必然的に太陽光をたっぷり浴びるため免疫力の向上にも繋がります。

宿泊する小屋はプレハブ造りの一間で、水道もありません。洗い物はタンクを設置して、知り合いから水道水を分けてもらっています。料理やお茶はペットボトルに入れた水を数種類持参して、用途ごとに使い分けています。ガスもないので調理は卓上ガスコンロで全てをまかなっています。

トイレは別の小屋が離れてあり、雨の日には傘をさして行かなければなりません。しかしそのおかげで、夜空の美しさも暗闇の動物の気配も楽しむことができるのです。

私が自然から受けた喜び、楽しみはお金をかけずに感受できるものです。お金で全てが買えるように錯覚している人も多いかもしれません。動物や昆虫、植物たちは生きるためにお金を必要としません。森の中での長期滞在で私は、人間も本当の幸せを得るのに、お金は必要ないのだと心から実感しました。

野口善一さんの野菜と二十三年

野口善一さんとは二十三年のつき合いでした。四十六歳ですが健康的で若々しく、三十代にしか見えません。実家は代々の農家ですが、大学を出て会社勤めをしていました。お父様が五十二歳という若さで急逝された後、全く農作業をしたことがないのに、独自の方法で勉強をしながら完全無農薬有機農法を実践してきました。

二〇〇七年四月二十六日木曜日、夜の十一時になっても家に戻ってこないため家族が敷地内を探し、トラクターの下に彼を見つけた時にはもう冷たくなっていたそうです。田植えの準備のためにトラクターの整備をしていて、頭を挟まれて亡くなりました。検死結果では夕方の五時頃に亡くなったとされています。

その日の前日、電話で今やっている活動のこと、これからのことを色々と話しました。彼は一人の農業者ではすまされない、今の世に必要な、大きな大きな人でした。彼のやってきたこと、残していったことをお伝えしたいのですが、私にはまだそれができません。

野口さんの野菜を食べるたび「あぁ美味しい」と心底から感じていました。野菜の美しさと元気さに驚き、毎日野口さんの野菜で楽しく料理をしていました。私の料理の発想、健康の源は野口さんのまっとうな野菜でした。あの日以来、料理するたびに得られていた喜びと楽しみがほとんどなくなり、とてもさみしいです。

日本の農業の九九%は、慣行農法と呼ばれる化学肥料と農薬を使う農法。それらは傍において、有機栽培とうたう農法にも幅があり、玉石混淆《ぎょくせきこんこう》の状態です。まず単品の作物しか栽培をしていないことがほとんど。その方が手間が省け、高額で売れる作物だけを栽培した方が経済的に見合うからです。しかし単品しか作物を作らないのは、土にとって自然なことではありません。

ある農業者が「木を植え森を育て、田んぼを作り、野菜を作ってこそ百姓だ」

と言っていました。正に野口さんも誇り高き百姓でした。いや、地球や宇宙をも視野に入れていたクリエイターでした。

有機農業を志す農業人は野口さんに限らず皆勉強熱心で、野菜作りに創意工夫をこらしている人が多いのですが、長くつき合いが続くには感性がぴったりと合うことが大切です。野菜や自然のこと、心地よい暮らしのこと、世界に対する違和感について、私と野口さんは同じ方向を見ていました。もちろん味覚についても。

味覚とは本来、舌の味蕾が甘・渋・辛・酸・苦味を感じ、体に必要な食べ物を美味しいと感じる大切な感覚です。生理的に正しく作用していれば、毒や自分の体に不要なものを察知し、たとえ口にしても吐き出すようにできています。現代では食品添加物や化学薬などですっかり味覚が鈍化しています。

大人も子供も味覚が大変なことになっているのを、野口さんは常々危惧していました。健全な味覚が健全な体と心を作るのですが、普通に買い物をしていては健全な味覚を育てる食べ物が手に入らないのが現実です。野口さんはそんな味覚の現状に気づいてもらうべく、農業以外でも地域で一人活動をしていたのです。

最後の電話でも色々な話をしたのですが、野菜の値段が安くなければ手にも取ってもらえないと言っていたことがずっと心に残っています。ここ数年、野菜の価格についてたびたび話題に上がりました。長いつき合いの中、何があっても平静な話ぶりだったのに不満とも取れる感じで値段について話をするようになったのはつい最近のことです。

その日も「野菜の値を上げてみては？」と提案したのですが、知人から知人へと、皆の紹介で輪が広がった顔馴染みのお客さんばかりなので、簡単には値段を変えられないと言っていました。安く提供したいという気持ちと、農業経営者としての立場の間で揺れ動く心があったのではないかと想像します。

私の長年の夢の一つは、美味しく健やかな食べ物を提供すること。美味しい野菜と穀物、正しい調味料さえあれば、簡単に豊かな食卓になることを皆さんに伝える店を開くことです。

野口さんの野菜を毎日取りにいって店頭に並べ、季節の移ろいをお客さんに知ってもらいながら販売する日を夢見ていました。最後の電話でも「野口さんの野菜があってこその私の活動ですから、今後もよろしくお願いします」と話したのですが、もうその夢はかないません。

でも違う方法があると気がつきました。自然に寄り添ってファーミングをしていると、素人の私でも美味しい野菜が楽々できます。自分の食べるものを、楽しみながら自然に寄り添ってファーミングする。日本のあちこちで、世界のあちこちでそうなったらとても素敵だと、野口さんもきっと思ってくれるはずです。

今の農業や野菜の流通の常識から見たら、おかしなことかもしれません。でも野口さんには、自然に寄り添い大地とともに暮す中で、今の常識とは違う豊かな世界がはっきり見えていたと思います。野口さんは二十数年間、私たちよりはるかに濃く深く、自然と語り合っていたのです。

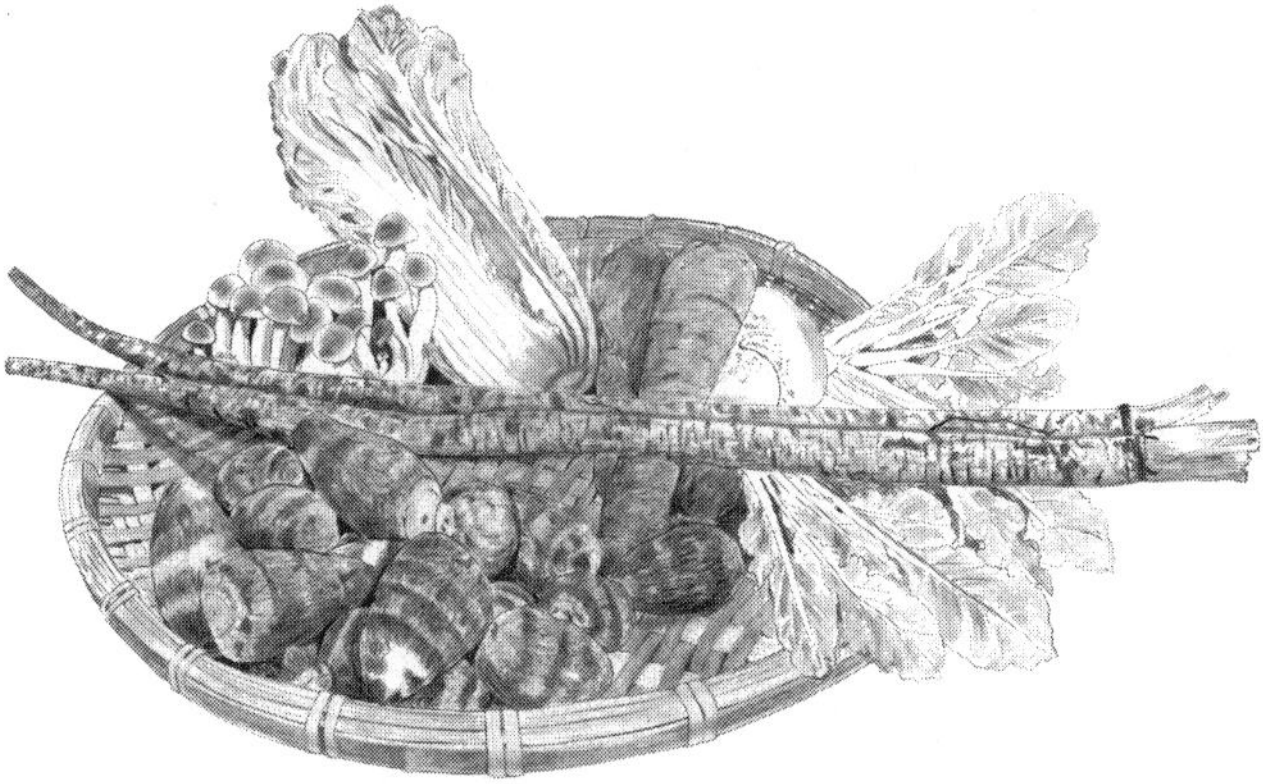

田畑と体

肥料と農薬を一切使わなくても、どうして細胞のきめが細かく上品で味わい深い、美味しく元気な野菜やお米が育つのか、疑問に思う人もいるかもしれません。

山の大きな木々を思い浮かべてください。誰も何も与えていませんが、立派に育っています。微生物の働きにより、落ち葉や草、昆虫の死骸などの有機物を自然循環することで養分が木々に供給されます。そして一番大切な太陽と星々からのエネルギーを受けて大きく育つのです。

無農薬無肥料の育て方は、基本的にそれと同じです。自然循環が効率よくできるよう、人間が少しお手伝いをするだけの違いです。日本で一般的になっている慣行農法は、チッソ・リン・カリなどの化学肥料を土に供給して栽培します。チッソ肥料の中身は硫安・尿素・硝安・石灰窒素、リン肥料は過リン酸石灰・よう成リン肥、カリ肥料は砂酸カリウム・塩化カリウムです。命を育んでくれる野菜や米を栽培するために、これらの肥料を使うことに大きな違和感を覚えます。無肥料のほうがずっときめが細かく滋味深い野菜や米に育つことを体験している私は、どうして化学肥料を使うのか疑問でなりません。

国の方針に従えば補助金を受けやすい社会構造があり、ほとんどの農家は慣行農法で栽培しています。化学肥料を使えば大きく色の濃い作物が育つので、立派な作物がそれらのおかげでできるのだと思われています。

しかし実際のところは、化学肥料を使えば微生物の力を借りて行われる自然循環ができなくなり、土は次第に痩せていきます。そのため日本各地の農地はすでに荒廃し始めています。自然のバランスが崩れたことで害虫が発生し、それらを殺すための殺虫剤が必要となったのです。そして効率化のために除草剤を使い、それらはやがて川から海へと流れていきます。人間が水をも汚染して、微生物が棲むことができない環境を作り出してしまいました。

私たちの体も田畑と同じです。人間の肉体の約九〇%は他の生命、微生物と共生してこそ生きていけるようにプログラミングされています。皮膚から内臓まで、全て微生物（菌）と共生しているのです。

現代人は体が不調になると病院へ行き、診察してもらい、薬で治すのがあたりまえになっています。不調を病院や薬で治す行為は、農薬や化学肥料を使う慣行農法と同じだと思うのです。

慣行農法では土壌を検査して、足りない成分を化学肥料で補い、成長を促すためにホルモン剤を使い、害虫を駆除するために殺虫剤を散布します。それを人間に置き換えるなら、病院で検査をして、足りない栄養素があればそれを薬で補給し、悪い箇所があればそこを切除する行為といえるでしょう。そして化学的な治療や投薬によって、私たちと共生して心身が健康に保たれるように日々働いている微生物が生きていけない体になっていくのです。化学肥料や農薬で痩せていく農地と、病院で化学的な治療をして衰弱していく人間は酷似していると思わずにはいられません。

昨年の夏、愛犬みかんの世話で睡眠がしっかりとれていなかった頃のこと、急にオシッコが尿意もないのにダダ漏れになり、膀胱炎を疑う症状になりました。この間、オーガニックコットンの生理用パッドの多い日用を二枚重ねて過ごしました。尿はどうも三〇ccくらいずつ膀胱に溜まるようです。溜まると勝手に出るので、その前にトイレに行ってちょっとずつ出して普通に暮らしていました。その後も寝不足はしばらく解消できませんでしたが、体をあたため、食事を軽くして過ごしているうちに一週間ほどで改善して、すっかり元に戻りました。

もしこの時、病院に行っていたら抗生物質を飲むことになり、私と共生している微生物（菌）たちは死滅して体のバランスは崩れていたことでしょう。病気といわれる症状は悪いところを治すための体からのお知らせ。その症状自体は悪いものではなく、ありがたいサインだと感謝すべきものなのです。

四十年医者いらずの秘訣

四十年以上、歯科医以外に医者の世話にならないで過ごしています。でもふり返ってみると幼少期から病院通いの日々で、注射も飲み薬もたっぷり体に入っていました。高校生の時、いつものように病欠で伏せって天井を見ながら「小さい時からどれだけ薬を飲んでも注射を打っても、ちっとも丈夫にならないのはなぜかしら?」と頭の中が〈?〉でいっぱいになりました。出した結論は「私の体に薬や注射はきかないのだわ。だったら、これからは薬を飲むのをやめよう」。それからは病院には行くものの、注射を拒否し薬を捨てる日々でした。

子供の頃はいつも食事を残しては、父親から「そんなに食べ物を粗末していては、将来ごはんの食べられない人になるぞ」と怒られていました。しかし、成長するにつれ少しずつ食欲が出てきて、二十代になる頃にはすっかり食いしん坊になっていました。そうすると風邪はひくものの、少しずつ体力もつき始めました。

幸か不幸か、私の関心はいわゆるグルメ的なものではなく、食材そのものの美味しさが感じられる食べ物に向かっていき、ついにはコマーシャルのスタイリストという職業から一転、三十歳で食べ物の仕事を起業しました。

当時グルメと呼ばれる豪華な食がもてはやされており、その対極として味気のない自然食も一部の人から支持されていたのですが、私の望む美味しさはどちらでもありませんでした。だから自身の手で、自分が心から美味しいと感じられる食を表現するしか方法がなかったのです。友人たちも私の料理をとても喜び、上手上手とおだててくれたので、一度も料理を習ったことがないまま食の仕事を始めてしまいました。

自分で起業したのですから、風邪をひいても休むわけにはいきません。市販の風邪薬を飲むとかえって気持ちが悪くなるのでそれもやめ、体をあたためながら働くことにしました。すると熱が三八度もある中で仕事をしたにもかかわらず、翌日には熱もすっかり下がり、自然に風邪が治っていたのです。

そして気がつけば、風邪もひかずに元気で過ごし、体に自信が湧いてきました。こんな経験からわかったのは、風邪は体に色々なものが溜まり弱ってきた時、体からそれを追い出そうと自然治癒力がしっかり働いている状態だということです。

熱も鼻水も咳も汗も、止めずにどんどん出せば、次の風邪の時は前よりも軽く、そして次はもっと軽くすみます。でも薬（化学薬）は症状を抑えようと働きます。熱が下がったり鼻水が止まったりしても、根本では自然治癒力が十分に働いていないので、症状が繰り返されてしまうのです。

風邪をひいた時は食事を抜いて、お湯に自然塩または醸造醤油を、塩っぱいと感じるくらい入れて飲んでください。そして水分も十分にとっていれば、自然治癒力が発揮されます。鼻水や熱が出て、発汗するのは体が風邪と闘っている証。薬に頼らず自然治癒力を働かせれば風邪をすっかり追い出すことができるのです。

これから年末に向かい忙しくなっていく時季、気温は下がり湿度も低くなり、悪い風邪がそこかしこにうろついています。将来の健康のために薬は控え、季節の美味しい食べ物をたっぷりと召し上がってください。

心地いい汗をかきましょう

夏を迎え、汗をかくことが多くなってきました。大抵の場合、汗は歓迎されず、できればかきたくないとばかりに制汗剤をもとめる人が増えています。とりわけオフィスワークの人にとって汗は不都合で不要なものでしょう。でも暑い時季に汗をかくのは正しい生理で、人間にとって必要なことなのです。

人間には発汗をして体を冷やす生理作用が備わっています。これを発揮させるためには自律神経のバランスが取れていることが大切です。体を冷やすためにかく汗は腰周り・太ももからかき始め、脚もびっしょりになってから上半身・顔・頭と順にかいていきます。

体が冷えきっている人は暑さに弱く、脇の下・顔・頭に汗をかき、体の方はさほど汗が出ないことが多いようです。それは東洋医学的には、気が回らず上気している状態。冷えで血のめぐりが悪くなっていて正しい汗がかけていないのです。

汗の元は血液です。汗腺に取り込まれた血液が、ミネラルなどの成分をまた血液に戻し、水分だけを汗腺から汗として出します。サラッとしていてすぐ乾き体温を下げてくれる、いわゆるよい汗です。一方、悪い汗はミネラルが血液には再吸収されず、汗に多く含まれた状態で汗腺から放出されてしまいます。このミネラルがお肌の雑菌のエサになり、臭いの元となるのです。そして体内のミネラルが失われるため、熱中症の原因にもなるといわれています。

悪い汗は大粒でダラダラ出て、蒸発しにくいので体温が下がらず、文字通り暑苦しくなるのです。汗腺の数は二百〜三百万個で、生まれてから三歳くらいまでに育った土地の気候でその数は異なります。最近は赤ちゃんの時から空調がきいた部屋で過ごすので一概には言えなくなりましたが、暑い地域で育つと汗腺の数は多くなります。

汗腺は全てが活動しているわけではなく、半数くらいといわれています。大人でもエアコンを常時使用していると活動する汗腺は減っていきます。そうすると少ない汗腺でフル稼働するので、十分にミネラルを血液に戻すことができなくなり、ベタベタの悪い汗をかくことになります。汗をかくのが嫌で、汗をかかない生活を送っていると活動する汗腺が減り、ますます大粒のダラダラ流れるベタベタの悪い汗しかかけなくなります。そして大抵の場合、悪い汗は顔や脇の下からどっとかくため、本人は暑がりで汗かきと思い込んでしまうのです。

肌には汗腺と別に、皮脂腺が毛根と直接つながっています。皮脂腺から数種類の脂肪酸を皮脂として出し、汗の水分と混ざり、弱酸性にすることで肌を美しく健康に保ちます。皮脂腺は汗腺と関係していて、汗をかくと皮脂腺の働きも活発になります。

食事で食べた栄養分のカス、食品添加物や薬などの化学物質、ダイオキシン類や界面活性剤などの環境ホルモン、水銀・鉛・ヒ素などの有害金属といった体に不要な老廃物や毒素を排泄する必要があります。

毒素は排便で七五%、尿で二〇%、残りの五%が汗・毛髪・爪などから排泄されます。しかし食事で食べた栄養分のカス以外の毒素は、主に汗として排泄されます。それらは人間の脂肪に蓄積されてしまうため、汗腺を活発にして、皮脂腺にも十分に働いてもらってこそ排毒ができるのです。汗腺にしっかり働いてもらうには、汗をかく練習が必要です。そのために次の四つを試してみてください。

・週末だけ無理のない範囲でエアコンなしの暮らしをする。

・ウォーキングなど軽い運動をする。

・シャワーではなく湯船にゆっくり浸かる。

・お腹の中からあたためる。

この中で一番重要なのが四番目です。冷たい飲み物を飲むと腸が冷えてしまいます。そうするといい汗をかけなくなり、暑さに体が対応できなくなります。排毒もうまくできなくなり、体はどんどん悪い方向へ向かってしまうのです。冷たい飲み物ばかりではなく、キュウリ・ナス・スイカ・パイナップル・マンゴーなど、真夏に旬を迎える食べ物も体を冷やすので、口にするのは八月に入ってからにしましょう。

〈冷やす〉と〈あたためる〉のバランスが大切です。たとえばキュウリを食べる時に味噌をつけると、キュウリは体を冷やし、味噌はあたためるのでバランスが取れます。冷えすぎている人はキュウリを炒めて、塩・醤油・味噌などの塩気で仕上げると冷やす作用が和らぎ、あたためながらその水分を得ることができます。〈あたたかい〉とは気持ちがよく、落ち着いた状態です。気温が上がってもいい汗をかくことができ、涼しく過ごせます。汗をかく機会が増える夏こそ、デトックスに最適な季節です。いい汗をかく練習をして、体をあたためながら涼しく夏をお過ごしください。

冷え取りのはずが

疲れを感じると健康な状態にしようとする力、自然治癒力が働きます。現代人はこの自然治癒力を働かせるための大元となる自律神経がうまく機能していないようです。自律神経がきちんと働いていれば、少々の暑さや温度の変化にも体が対応してくれます。冷え以外にも、現代人は様々な要因から交感神経が勝ってしまい、副交感神経とのバランスが取れない環境に置かれています。交感神経は血流をきゅっと止めてしまうので、交感神経ばかり働き、血のめぐりが悪くなるのです。

二十代の頃、真夏でも汗一つかかずクールな顔をしていた私ですが、実は自律神経がうまく働いていなかっただけなのです。今では通勤徒歩たった三分でも全身に気持ちいい汗が吹き出します。シルクの下着を着けているので、そのまま仕事をしても大丈夫。シルクは水分を吸収し、放出してくれるので肌はサラサラです。同じ天然繊維でも綿は水分を吸ってもそのまま保持してしまうため涼しくないのです。

古来日本は、麻やシルクを使っていた地域。昔は高い位の人しか着用できなかったシルクも今は手の届くものになりました。その昔、吉田兼好は徒然草の中で「家の作りやうは、夏をむねとすべし。冬は、いかなる所にも住まる。暑き比わろき住居は、堪え難き事なり」と記しました。これは、夏に合わせた家は風が通る造りをしていることを語ったものです。昔は高温や高湿を回避するために、自然を利用した町や家を造り、衣類には涼しく過ごせる繊維を使うなど、様々な工夫をしていました。

戦後の日本の街造りは西洋式が主流で、まるで現地を見ずに机上だけで計画をしたのではないかと思うほどです。風の流れが分断され、またコンクリートは熱を溜めてしまうので、夜になっても暑いままです。近所の新築の戸建てを見ても木造建築は一つもなく、石油から作られた建材で建てられた家ばかり。エアコンの排熱も相当なもので、深夜になっても風の通りは感じられません。

理想は吉田兼好の時代のように、自然を生かして涼しくすることですが、現代流に自衛せねば夏の不調がやがて重い病になりかねません。自衛策として有効なのはエアコンと合わせて除湿機をうまく使うことです。湿度を五〇％前後に常に保つと、同じ温度でも快適さが違います。

湿気が高いと肺から体力を消耗してしまいます。肺の位置も下がり、それに伴い他の内臓も下がってしまい色々な不調が生じます。普段全く意識していませんが、呼吸によりどれだけ肺に酸素が取り入れられるかが大切です。それが健康に大きな影響を与えています。

昼は冷房なしで過ごしていますが、夜は隣の部屋の冷房をかけて寝ます。冷房の影響を減らすために、シルクや麻のレッグウォーマーと腹巻きをして、首にはスカーフを巻いて休みます。こうすると起きた時に重苦しい感じがありません。

常にお腹をあたためていると腸の働きが活発になり快適に過ごせるため、一年中腹巻きをしています。逆に腹周りが冷えると体全体が冷えてしまい、免疫力が低下し不調になります。寒い季節に腹巻きをする人は多いと思いますが、夏こそ腹巻きをしてください。冷房がかかったオフィスで一日中仕事をしている人には特におすすめで、薄着になる夏にたった一枚腹巻きをするだけで効果覿面《てきめん》です。

ただし、綿や化繊だとその効果は下がってしまいます。衣類と同じく、シルクや麻のものなら汗をかいても水分を吸湿し放出してくれるので、一日中爽やかに着用できます。ぜひ暑い季節にこそ腹巻きを試してください。

自律神経が乱れる原因は色々ありますが、その一つに冷え、特に内臓の冷えがあるのではないかと考えています。暑さに勝つためには、体をあたためることが大切です。夏が旬の食べ物は体を冷やす性質のものがほとんどです。日中冷房を入れずに暮らしていると夏野菜や夏の料理を楽しむことができます。しかし現代社会ではそうもいきません。外出すれば電車やバスはもちろん、お店も凍えるほど冷房がきいているため、夏の食べ物ばかりだと体が冷えすぎてしまうのです。

近年、冷え取りに凝っている人が多いようです。それは靴下の重ね履きをして下半身はしっかり着てあたため、上半身はノースリーブなど極力薄着にするというものだそう。しかし必要以上に靴下の重ね履きをすると、足の指が自由に動かなくなってしまいます。足の指が動かないと全身の骨格が正常な位置で働かず、いい姿勢で歩行することができません。正しい歩行ができないと筋肉は正しく働かず、体はあたたまりません。血のめぐりも悪くしてしまうので、結局は体を冷やすことになります。

靴下を何枚も履かなくても足首周りをあたためていれば大丈夫です。もしも重ね履きをするのなら、足の指がちゃんと動き、正しい姿勢で歩行ができるよう二枚にしてください。その場合、中に履く靴下はシルクを、外側は麻かウールで作られたものを選ぶとより体があたたまり快適です。そして足首（くるぶしの周り）・お腹周り・首周り（頭を下げた時にポコッと出てくる骨の周り）を、シルクや麻素材のストールや腹巻きであたためるとより効果的です。

先日、教室が終わる頃にAさんが、鳥肌が立って寒いと言うのです。熱々の料理を食べた後、冷房なしの部屋でのことだったのでびっくりしました。話を訊くと、設定温度二八度のオフィスで冷え取り法を実践していたそう。二八度設定とはいえ、冷房がきいた部屋の中、薄いブラウスで一日中過ごしてすっかり冷えていたのです。教室で体をあたためる料理を食べて正常な感覚が戻り、かえって寒くなったようでした。台風が去った後の東京は、夏といえども肌寒い日が続いていました。Aさんは冷房のかかったオフィスで薄着は寒かったけれど、冷え取り法だからと我慢していたそうです。

あいにくその日はレッグウォーマーも腹巻きも持っていませんでした。一瞬どうしたものかと思ったのですが、教室に常備しているカイロを取り出し、直接肌に接しない腰のあたりに急いで当てました。すると、寒気を感じ始めてすぐに対処したことが功を奏したようで、Aさんはぐんぐんあたたまってすっかり元気になりました。

寒い時季だけではなく、夏場の冷房対策に小さいカイロをバッグにしのばせておくと、いざという時に助けになります。ゾクっとしたらすぐにカイロを取り出し、冷えを感じるところや、当ててみて気持ちがいい部分をあたためてください。

どこが冷えているのかわからない場合は、腰に手を回して両手で触れるところ

（腎臓のあたり）、首の後ろ、肩甲骨の間、足首をあたためてください。一分間あたためるだけでずいぶん違います。体があたたまったらすぐにカイロを外しても大丈夫です。

体が冷えていてもその自覚がある人は案外少ないようです。内臓、特に腸・腎臓・肝臓があたたまり、血液が体のすみずみまでいき渡れば幸せな気分になり、真夏の猛暑も難なく乗り越えられます。次の項では私が日々実践している、暮らしの中でできる、体をあたためるための小さな四つのアイデアをご紹介します。

いい、いい、気持ちがよいという状態は、副交感神経が働いている時なので、全身にくまなく血がめぐっています。私は我慢はせず、常に気持ちよく過ごせるようにしています。

人間には健やかに生きていくための感覚が備わっています。その感覚はそれぞれ違っていて、全ての人がぴったり一緒ということはありません。自分の感覚を大切にして、わがままに気持ちよくなってください。

体をあたためる四つのアイデア

・一日三十分歩く

筋肉を動かすと体内に熱を発生させ、体をあたためます。筋肉を動かすといっても、スポーツ選手のような激しい運動は必要ありません。一日三十分歩くだけでも大丈夫です。筋肉がつく上、骨格が正しい位置に収まり内臓の働きもよくなります。スポーツジムに通ったり、特別な器具で運動をしなくてもいいのです。

電車移動の人は最寄り駅の一つ前で降りて家まで歩いたり、車移動の人はいつも買い物にいくお店まで歩いてみるなど、暮らしの中で歩くようにしてください。

・朝の手首足首マッサージ

朝起きたばかりは体があたたまっていません。体の末端まで血をめぐらせるために効果的なのが、手首足首のマッサージ。とても簡単で、手首足首を右に二十回、左に二十回すだけ。朝一番ももちろん効果的ですが、寝る前にやると副交感神経の働きを活発にし、心地よく眠ることができます。

手首の場合は、まず手をグーに握り、回さない方の手を添えます。足首の場合は、安定した椅子に座り、片方に足を乗せて手を添えて回すと無理なくできます。慣れてきたら少しずつ回数を増やしてください。

・夏でもお湯で皿洗い

足湯や半身浴が冷えに効果的なことはご存じの方も多いと思いますが、忙しい日々の中、足湯や半身浴は簡単にはできません。忙しい家事の間でもすぐにできる簡単な方法があります。それはお湯で手をあたためること。手だけでも十分効果があります。指先をあたためると血流がよくなり、体全体があたたまります。

そのためにわざわざお湯を用意しなくても、手を洗う時や洗い物の時にお湯を使うだけで大丈夫。特に夏場実践するとより効果的です。暑い季節には洗い物に水を使う方が多いと思いますが、そこは節約せず、設定温度を四二度くらいにして洗ってください。体によい上、水よりずっと綺麗に汚れが落ちます。

・朝の太陽光を浴びる

太陽の光を浴びると、セロトニンというホルモンが脳内に作られます。セロトニンは自律神経を安定させ、体内リズムを整えて心に安らぎを与えるといわれています。快眠のためには朝の太陽光を浴びるといいといわれていますが、それは目から太陽光が入り、セロトニンが作られて約十五時間後に眠りを誘うホルモンのメラトニンが分泌されるからです。たとえば朝八時に太陽光を浴びると、夜の十一時くらいにメラトニンが分泌されて自然と眠くなります。

中々寝つけない人は朝の太陽光を浴びるようにしてください。曇りや雨の日でも太陽の光は届いています。曇りの日でも約一万ルクスの光量があります。一般的な部屋の照明が五百ルクス程度なので、太陽光には到底およびません。たとえ晴れていなくても、自律神経を整えるために朝の太陽光を浴びることが大切です。

天然繊維のすすめ

体からのメッセージを感じるようになると、環境や衣類から受ける影響もすぐわかるようになります。コンクリートの建物より木造の方が断然心地よいですし、どんなに素敵なデザインでも化繊の服は不快に感じるようになりました。

例外がダウンジャケット。軽くてあたたかいのでこれだけは着用しています。以前は綿地のものもあったのですが、すっかりナイロンかポリエステルになってしまいました。その両方を持っていますが、愛犬との散歩の時に着ていると、ポリエステルのものは歩き始めて二十分くらいで背中にピリチクと電気が刺すような痛みを感じます。ナイロンのものは一時間くらいの散歩ではそういうことはありません。ダウンジャケット以外の衣類は全て天然繊維一〇〇%なのですが、一番上に着ているものの静電気がわかることにびっくりします。

冬でもあたたかいとうたわれている肌着は発熱するから快適と宣伝していますが、体に密着するので血流が悪くなります。それに静電気が発生するため脳からの指令が乱され、円滑な生理作用が妨げられます。さらには静電気が空気中のホコリを集め、毛穴からそれらを引き込みます。化学繊維をアウトドアやスポーツの現場で効果的に使うことは素晴らしいと思います。しかし日常的に触れて暮らしていると、本人が感じていなくても体はストレスを溜め込んでしまいます。

天然繊維の中でも特におすすめしたいのがシルクと麻。シルクの元である繭《まゆ》は、蚕《かいこ》が変態する間、呼吸をしたり老廃物を排出したり、紫外線などから身を守る大切な装置。繭のアミノ酸は肌になじみやすく、とても優しく心地よい繊維です。そして亜麻《あま》（リネン）や苧麻《ちょま》（ラミー）などの麻は通気性・吸収性・発散性があり、夏は涼しく冬はあたたかいという特性があります。

休日だけでも天然繊維の衣類で過ごしてください。次第に本当の快適さが実感できるようになります。皮膚は大切な排泄器官ですから、気を使ってあげましょう。それは健やかに年を重ねていくことに繋がっていきます。

香の効能

高温多湿の日本では臭いに敏感になります。体の臭いを消そうと香り物を使う人も多いようですが、天然の香りではなく、化学的に作られた香りがほとんどです。強力な香りを身にまとっていても平気でいられるのは、感覚器官が鈍化しているためです。健康とは、代謝がよく種々の器官が円滑に働き、五感が鋭敏な状態です。

満員電車では嫌な臭いから逃れたくても逃げ場がありません。臭いを感じないように努めているうち、嗅覚をはじめ五感が鈍感になってしまい不調にも気づきにくくなるのでは、というのが私の持論ですが、同じことを考えている人に会いました。それは先日参加した聞香会《もんこう》で講師を務めていた女性。その会はこんな話から始まりました。

「電車で他人の臭いを感じないようにしていた方は、香の香りを聞いても全然匂わないと言うんです。感じないようにしていると、本当に匂わなくなってしまうのです」

その日の聞香会では、伽羅《きゃら》・白檀《びゃくだん》・羅国《らこく》の三種類の香木を楽しみました。虫や菌の侵入に対抗する木の免疫作用により樹木の一部に樹脂が発生し、何百年何千年という長い年月を経て木質に沈着し、固まった部分が香木となります。

その日の伽羅は、聖徳太子の時代に伝来したといわれる貴重な香木。湯飲みほどの大きさの香炉にきめ細かな灰に包まれた小さな炭がいけられ、三ミリほどの穴が開いた台に置かれた透明な雲母《うんも》板の上で、爪の先ほどの香木がたかれました。

私の前に香炉が回ってきました。吸って吐いてを三回繰り返しながら香を聞きます。深呼吸をしているつもりはないのですが、鼻腔が勝手に広がって体全体に香りがいき渡り、体もほっこりあたたかくなっていきました。贅沢なことに三種の香木が次々と回ってきました。そのうち胃や腸がグルグル音をたて動き出し、体中が活性化されてゆったりいい気分。窓から見えるる遠くのマンションのベランダの手すりがはっきり見えてきたりと、すぐに効果が現れました。香十徳といわれる香の効能には〈感覚を研ぎ澄ます〉〈心身を清浄にする〉〈汚れやけがれを取り除く〉〈多忙時に心を和ませる〉など、体に嬉しいことが盛りだくさんです。

料理の世界では漬物を香の物と呼びます。平安時代の貴族は、香を当てる遊びの合間におこうこといって漬物を食べていたそうです。聞香会で自身の体に起きた嬉しい変化から、昔のやんごとなき人たちは、健康管理・維持のために香をたしなんでいたのではないかという思いに至りました。

嗅覚を閉ざしたくなる臭いの中に化学合成の香り物があります。何にでも偽物の香りがふりまかれ、臭いは飽和状態です。婦人科医が子宮の手術をすると、多くの人からシャンプーの臭いがするそうです。化学合成された香りは皮膚からも入り込み、体内に溜まります。化学合成された香水を使っていた人は、ここ数年つけていなくても以前の香りが残っています。そして食品にも化学合成された香りがつけられています。

日本人は古くから香りを楽しむ高い文化を持っていたのに、すっかり様変わりしました。それは食べ物と深い関係があるのではないかと思っています。今の食品の大半は体を育み五感を活き活きさせる、本来の食べ物からはほど遠いものです。

旬のきのこの香りは安心感を与えてくれます。そして冬に収穫される国内産レモンを嗅ぐと、頭がすっきりしてやる気が出ます。ファームで育ったイタリアンパセリやバジルやミントは、ちょっと触れただけで疲れも忘れさせるいい香りをプレゼントしてくれます。質の高い健康的な生きた食材は、体の細胞一つひとつになるだけではなく、その香りからも元気を与えてくれるのです。

熱は自然治癒力の証

寒さが厳しくなり空気が乾燥するにつれ、インフルエンザにかかる人が増えています。熱・咳・鼻水などの辛い症状をなくすため、病院や薬局の薬を求める人が多いのではないでしょうか。薬で熱が下がったり咳が止まったとしても、本当のところは、体はありがた迷惑と感じています。

体によくないものが侵入すると、本人は意識していなくても外敵との闘いが始まります。免疫力が正常に働いていれば知らないうちに体の方が勝ち、何もなかったように日常が過ぎていきます。しかし、寝不足だったり疲れていたり、甘い物や動物性食品、アルコール類を取りすぎていたり、日頃から化学薬を常用していたりすると外敵に勝つことができず、発熱という次の闘いに突入します。

発熱することで病原菌の増殖が抑制されます。病原菌は熱に弱く、低温（体温三六度以下、三五度くらいが好き）の方が繁殖しやすいので、三七度以上の熱が出ると退散するのです。そして熱が出ると白血球の働きが促進され、高熱になるほどその作用が活発になります。闘いを続けると免疫機能はますます高まるため、体がより強くなるというご褒美までついてきます。

咳が出るのも自然治癒力が働いている証拠です。自然治癒力とは体の悪いところを修復して、命を救うシステムです。この働きは私たちが自覚しないまま、体内で粛々と進められています。デキモノができるのも、痛みが生じるのも、熱が出るのも、悪いところを治すために生じる自然なことです。それは病気を治すためであって、その症状自体は病気ではありません。

現在市販されている薬のほとんどは石油から化学合成されたものです。多くの人が気軽に処方していますが、それらは体に大きな負担をかけます。風邪薬・頭痛薬・咳止め・たん鼻水止め・解熱剤は体温を下げ、免疫力を下げ、体内酵素を消費するなど、負の作用ばかりです。体のゴミがそのままにされるどころか悪化してしまいます。

生理不順の若い女性が増えているようですが、その治療自体が大きな原因となっています。病院では生理を復活させるためにホルモン療法をするのですが、その治療で使われるのは体を極端に冷やす化学薬や合成ホルモン。生理をよくするためには体をあたためないといけないのにその治療で体が冷えてしまい、さらに悪化するという矛盾が生じているのです。体を悪くする薬を飲むのではなく、腸にすむ善玉菌を元気にして免疫力が正常に働く体を作りましょう。そうなれば腸内で酵素・ホルモン・ビタミンが供給され、それが何よりの治療になります。

そのためには日頃から季節の食べ物を食べることが大切です。そして風邪の症状を出し切るための協力者たち、非加熱のはちみつ・梅干しや梅肉エキス・醤油・味噌など、身近で安全な食べ物たちが控えていれば安心して体のお掃除ができます。

病気になった時は食事を控えめにしましょう。体が弱っているからとたくさん栄養を取るのは全くの逆効果です。善玉菌は栄養を取らないほうがお掃除に専念でき、腸内で大活躍します。

年明け早々、スタッフのMちゃんが四〇度の高熱を出しました。彼女はそれが体からの合図と心得ていたので、何も食べずひたすら水を飲んで多量の汗をかくように努め、翌朝にはすっかり回復したそう。色々溜まっていたものを排毒するために自然治癒力が高まり高熱を出して、見事に一晩で治ったのです。

ある日の教室で、参加した一人が下してしまったと心配顔で話していました。私が「それはよかったですね」と伝えるとキョトンとした表情。下痢は悪い症状と思い込んでいたのでその反応は無理もありません。下痢も自然治癒力が働いた証拠。教室の食べ物でお腹の中があたたまり、胃腸の動きがよくなったことで腸内に停滞していた不要物を排泄する力が働いたのです。薬を服用して下痢という症状を止めていたら、不要な物をお腹に抱えたままになっていたでしょう。

かゆみ・頭痛・生理痛の症状も、不調の根本要因を解決しようと体が悪いものと闘っている証拠です。薬を服用せず、食べ物を控えめにして体をあたためてください。体の治癒力に任せていれば、次第に強い体になっていきます。自身の力で悪いものを追い出せる体を少しずつ作ってください。

高熱を出せる体になりました

厨房の棚から土鍋を取ろうとして台に上った途端、左後頭部を打ちつけて転び、打撲してしまいました。翌日、肩や首周りに張りや違和感があったものの、打撲のことは忘れて仕事をしていました。しかし翌々日の夜半から風邪が発症して、熱もどんどん上がり、咳まで激しく出てきました。これらの症状は打撲の歪みを緩和するために起きたことです。そもそも風邪というのは体を調整して自然治癒力を発揮させるための症状なので、風邪には違いないのですが、今回は打撲を修復するための風邪でした。

二日後には熱が三九度を超えました。ここまでの高熱は人生初。ほとんど寝て過ごしましたが、びっくりしたことに、ファームの草刈りでカマを持つようになり少しずつ曲がってしまった右手の小指が、一晩ですっかり治り真っすぐになっていたのです。指の骨も太くなってきて、歳のせいかしらと思っていたのですが、細くなっていました。さらに驚いたことに顔のシミも薄くなり、肌が白くなっていたのです。

指や肌は体の外側なので変化が確認できたのですが、同時に体の中でも同じことが起こっていたはず。脳内や細胞のシミも一掃されたに違いありません。この期間、食べたいという感覚が起こらなかったのでほぼ何も食べずにいたのですが、舌が真っ白にコケで覆われました。

これは肝臓などが排毒していた証。体温が三九度を越えたおかげで劇的変化が一晩の間に体の中で起こったのです。

私は幼稚園の入園前の健康診断でリュウマチと肺結核の疑いがあるという診断が出てしまい、それから薬と注射の投与が始まりました。頻繁に熱を出しては座薬を打たれた記憶があるのですが、薬で無理矢理熱を下げられていました。

子供は熱を出すことで免疫力がつき強くなっていくのに、その機会を奪われたまま大人になってしまいました。そのため熱が出ても微熱が長引き、高熱が出せないままでした。高校生の時から薬をやめ、三十歳から現在のような食べ物のスタイルになり三八度くらいの熱は出せるようになったのですが、打撲をきっかけに三九度を越える熱を出して、自分自身で治癒できる体になりました。

奇跡ともいえる、自身で体を治す自然治癒力を体験し、全ての人間が本来持っている力を信じ、それに任せるのが一番と思いを新たにしました。

電磁波の影響

キッチンスタジオでの仕事で、初めてIH調理器で料理をする経験をしました。全ての食材と調味料を持ち込んだのですが、沸騰までの感じも、煮える感じもどこかが変で、いつもの味にはなりません。撮影スタッフは美味しいと言ってくれたのですが、私はその味に納得できませんでした。

電子レンジは食材に含まれる水の分子を一秒の間に二十四億五千万回振動させることで熱を発生させるのですが、分子・原子レベルで食品を破壊します。

電化製品からは電磁波が出ています。電磁波には電場と磁場があり、それらは脳波を乱し体に負荷をかけます。直接肌に触れる電気カーペットや電気毛布は最も電磁波の影響があります。本来はあたためるための器具なのに、使うほど不調になってしまうのです。赤ちゃんやペットへの使用は特に注意してください。

自分の感覚で電磁波が出るものをなるべく遠ざけて暮らしてきたのですが、実際どんな状態なのか知りたくなりました。そこで環境問題評論家の船瀬俊介氏の著書を取り寄せて目を通したところ、心地が悪いとか気分が悪いといった次元ではなく、日本人が受けている被害はかなり深刻でした。

電磁波は強度×時間で蓄積されます。家庭内でもっとも危険な器具が電気カーペットと電気毛布。スウェーデンの調査研究結果では妊娠三ヶ月未満の妊婦が一〜五十九時間電気毛布を使用した場合、胎児の先天異常が起こる確率は、使っていない人と比べ一・九倍、六十時間以上では六・二倍という結果が出ています。

電磁波を浴びると、神経ホルモンのメラトニンが激減します。メラトニンは免疫力を高めるNH細胞を増やすのですが、減少すると体内のガン細胞を増殖させ、そして不眠症や免疫力低下を引き起こすのです。

日々裸足で地面に触れることができれば体に溜まった電気や電磁波が放電できるのですが、現代人にはそんな暮らし向きは現実的ではありません。私の教室は首都高速がすぐそばにあり、目には見えませんが電気も電磁波もバンバンいき交っていることでしょう。期せずして私は蓼科に通い、畑作業をしたり木々の中で暮らすことで放電し、バランスを取っていたようです。農閑期で東京にいることが長くなると少し疲れが溜まってきたなあと感じ、ファームでの作業を始めたくなります。

この世からすっかり電化製品をなくし、パソコンやスマートフォンがない暮らしをするのは現実的でありませんが、だからといって野放図に電磁波を浴び続けていては体が持ちません。

小さな工夫でその影響を少なくすることは可能です。たとえばパソコンは常時立ち上げておかずこまめに切る、使っていない家電はコンセントから抜く、スマートフォンは充電中に電磁波が強くなるので人のいない部屋で充電するなど、ささやかなことでも影響は軽減できます。

これらの他に私は、パソコンやプリンターのそばにマイナスイオンを出す炭と、自然海塩を入れた布の袋を置き、仕事が終わったら即座にWi-Fiを切るようにしています。電場・磁場を防止するグッズを上手に活用するのもよいと思います。

特に、枕元には電化製品を置かないようにしましょう。寝室にある場合はコンセントから抜くようにしてください。脳波が乱されず、副交感神経が働きぐっすり眠ることができます。

公共交通機関でふと周りを見ると、老若男女ほとんどがスマートフォンを手にして、画面を見ていない人がいないくらいです。とりわけ電磁波の影響を受けやすい赤ちゃんの頭の近くでスマートフォンを操作している姿を見かけると「今すぐスマホの電源を切って!」と言いたくなります。

体調が優れないと感じたら、休みの日だけでもスマートフォンをはじめとする身近な電化製品の使用を減らして、いつも身につけている装飾品を外してみてください。指輪やピアス、腕時計などは、電磁波を受けるばかりか体が締めつけられて循環が阻害されて不調になるので、いつしか身につけないようになりました。肩こりや頭痛が改善されて、体が楽になることが実感できます。

天然洗剤は自然の贈り物

札幌の両親の様子を見にいってきました。二人で支え合って暮らしているとはいえ、父九十一歳、母八十七歳なので親不孝娘としてもさすがに気にかかります。二泊三日で何ができるわけでもないのですが、母から換気扇の掃除をしてほしいとリクエストがありました。換気扇のハネの部分は汚れも少なく安堵したものの、モーターの周りやフードの天井部に積年の油がこびりついているではありませんか。どうしたものか一瞬思案しましたが、そうだ、えがおの力があるではないかと気を取り直しました。

タオルを適当な大きさに切って濡らし、えがおの力の原液をたらしてもんでからこびりつきを拭いてみたところ、拍子抜けするくらいスルスル取れたのにはびっくり。拭けばさっと汚れが取れるのですぐに換気扇はピカピカになり、無事にお役目は終了。

ある家事評論家が大掃除のコツを紹介していました。ひどい汚れには洗剤を含ませたペーパーを貼りつけておくか、洗剤液に浸けておくとよいのだそう。この場合の洗剤とは合成界面活性剤などを使用したもの。マルチ洗剤のえがおの力は、米ぬか・ヤシ・松油から作られ、自然にかえるものです。エコをうたっていても効果がないものは使えませんが、これは優れ物だと、改めて自然の力に感心しました。

天然重曹も使うたびすごいなと思う自然の産物です。鍋にこびりついた焦げもスプーン一杯と水を加え、沸騰させるだけで浮いて取れます。最近は換気扇も重曹で掃除していますが、粉をふりかけブラシでこするだけで簡単に綺麗になります。さらには入浴剤としても利用しています。肌はツルツルに、そして体もあたたまり、上がる時にさっとぬぐうだけで浴槽も綺麗になる、一粒で三度美味しい自然からの贈り物です。

マザータッチというミネラルを発酵させた洗剤も使っています。元々は健康飲料水として誕生したもので、汚れをはがすことに気づいた開発者が、地球のため洗剤として販売しているものです。泡が立たないのですすぎも楽な上、飲めるほど安全なので野菜から衣類まで様々な洗浄に使えます。

かつて科学（化学）を万能なものと錯覚した人間は、自然を正しく見る目を失っていたといえるかもしれません。自然から得られる天然の成分が暮らしに有益で、その上気持よく、自然の循環に戻っていくことは嬉しい驚きです。

合成界面活性剤の影響

父が旅立ちました。高齢とはいえ数ヶ月前に会った時は元気でしたが、風邪をこじらせて肺炎にかかり、思いがけず早い別れとなりました。ここ数年、年に数回両親の様子を見に札幌の実家通いをしていました。初めは勇んで食べ物指南をしたり、洗剤や消臭剤、入浴剤などの暮らし周りの品々も、私が普段使っているものに替えてはみたのですが、次に行くとそれらはしまい込まれて元通り。途中からはすっかりあきらめて、ただ顔を見に行くだけとなっていました。

その原因は父、自分の納得したもの以外は断固ダメでした。父は三十年ほど前に胃を全摘出し、前立腺と肺気腫の薬を常用しており、十種類以上の薬を服用していました。いつも服用している薬をやめて、合成洗剤をやめるといいのにと思っていましたが、私の話など聞く耳を持たずで、傍観するしかありませんでした。

口だけでなく、皮膚も体の出入り口となります。普通に食事をしていると年に数キロの化学添加物質を取り込むといわれていますが、皮膚を通してもおびただしい種類の化学物質が体の中に入ります。その弊害はすぐには現れません。しかし口から入った化学物質の一部は汗や尿、便として排泄されるのに比べ、皮膚から侵入した化学物質は直接体内に取り込まれ、ほとんど排泄されずに少しずつ脂肪層などに蓄積されます。

皮膚から体内に取り込まれる化学物質の中で一番身近にあり、一番気になるものが合成界面活性剤です。界面活性剤は女性ホルモンを撹乱《かくらん》するといわれています。そのため乳ガン・子宮筋腫・子宮筋炎の原因ともなり、体細胞を破壊することもあります。特に受精卵など、できたての細胞ほど影響を受けます。生まれたばかりの受精卵が破壊され体外に流れ出ても、自身は妊娠初期のためそのことに気づきにくいのですが、不妊の大きな原因の一つといっても過言ではありません。

界面活性剤の主な働きは、洗浄・泡立てる・乳化・分散（顔料や紫外線反射剤などの粒子をムラなく均一に散らばらせる）・可溶化（油溶性の成分を水溶性の液体に混ぜ込ませる）・帯電防止・殺菌です。こうした特性を利用し、洗濯洗剤・柔軟剤・台所用洗剤・シャンプー・リンス・ボディーソープ・洗顔フォーム・薬用せっけん・化粧品（乳液・ファンデーション・口紅・日焼け止めなど）・歯磨き剤・マウスウォッシュなど、あらゆる暮らし周りの製品に使われています。

成分表示を見ても界面活性剤という単語では表示がない場合も多いのですが、その働きを見ると、多くの製品に使われていることは明らかです。先日帰省した時、母の化粧棚に〈五十種類の潤い成分配合、三つの働きがこれ一本で〉とうたった製品を発見しました。〈染み込む潤う〉とも書かれています。五十種類もの成分を一つにまとめて乳液状にするには界面活性剤を使っていることは確実で、しかも染み込むということは、角質の層を破壊して中に入るということなのです。

大正末期生まれの私の両親世代は、大人の体になる時に化学物質を取り込んでいないので、体の基礎が違うようです。晩年薬品漬けでも九十三歳まで生きた父、せっかくのその丈夫な体をもっと大切にしてくれたなら、快適で健やかに、本当の天寿をまっとうできたのにと思うことしきりです。

ヘアパーマの真実

ベリーショートヘアの私は月に二回美容院でカットしています。お世話になっている美容師のOさんはもうかれこれ二十五年のお付き合い。一度たりとも気を抜いた施術をされた経験もなく、全てお任せでも見事に仕上げてくれます。人気美容師がカットのビフォーアフターを紹介するSNSが多数あります。何度か目にしたアカウントでは、大半の人がヘアダイ（毛染め）とパーマをしている様子で、仕上がりはサラサラのツヤツヤ。

SNSで目にしたサラサラ、ツヤツヤヘアの話題をOさんにすると、こんなことを教えてくれました。

「サラサラツヤツヤはトリートメントでするのですが、あれはワックスで無理矢理しているんですよ。一回で髪質が回復することは絶対にないです。それにパーマとヘアダイをいっぺんにすると髪がかなりのダメージを受けてしまうんです」

Oさんは以前、パーマとヘアダイを同時に依頼されたお客さんに「両方やると髪がかなり傷んでしまうので、どちらかひとつにしてはいかがでしょう」と提案したそう。するとその人は、髪を傷めずにパーマができるとうたっている別の美容院でパーマをかけてきて、Oさんのところではヘアダイだけをするようになったというのです。

美容業界では、パーマもヘアダイも髪をとても傷めることは周知の事実だそうです。ヘアダイでは必ずブリーチの薬剤が使われます。明るい色を求めればブリーチ剤は濃くなり、傷み具合もより激しくなります。パーマも化学薬剤を使っていて、どんな方法であれ髪を痛めることは明白だそうです。

「パーマをかけても髪が傷まないというのは、真っ赤な嘘なんです。でも、傷まないと広告すれば、それが真実だと信じ込んでしまう人も案外多いんですよ」

悲しそうな表情で、Oさんは私に本音を話してくれました。

ベリーショートヘアの私ですが、本心では髪を真っ赤に染めたい、クリンクリンのパーマをかけたいと思っています。でもそうしない、できないのは、その弊害をOさんに教えてもらう以前から、自身で仔細に調べてよく知っていたからです。

その問題点は、髪の毛が傷むという表層的な事柄だけではありません。毛根からパーマやヘアダイの化学物資が体内に蓄積され、特に肝臓に大きなダメージを与えます。そんな危険をおかしてまで、パーマとヘアダイをしたいとは私は思いません。

誰かが言っていることを疑うのは、決して気持ちが良いものではありません。でも、それを全て鵜呑みにするのは、何よりも危険な行為なのではないでしょうか。その道理はどうなっているのだろう。その物はどうやって作られているのだろう。それにはどういう理由があるのだろう。一度立ち止まって、自分自身で真実を客観的に調べることで視野は何倍にも広がります。そういった習慣が身につくと、傷まないパーマなどこの世に存在しない事実にも気づけるようになると思うのです。

体をアルカリ性に

　また知人がガンで逝きました。五十七歳でした。五年前に定期健診で小さなガンが肺にあるのを発見され、以前だったら発見できなかったサイズのガンが最新医療で見つかってよかったと喜んでいました。彼女は医師のすすめる手術をすると言うので、ガンは食べ物や暮らし方で治ること、手術や抗ガン治療が体にどういう悪影響を与えるかを丁寧に話しました。しかし彼女は、働きながら食事のことはできないし、医療機関での治療のみ有給扱いになるという理由から手術を選択しました。

　肺ガン手術後に職場復帰するもやがて乳ガンになり、乳房の摘出手術、抗ガン治療へと進んでいきました。髪の毛はもちろん、鼻毛・眉・まつ毛まで全て抜けてしまい、手足もしびれて相当しんどそうでした。元々は明るい性格でしたが、やつれ方が治療の影響の大きさを物語っていました。最後は全身に転移して施しようがなくなり、ホスピスでの旅立ちだったそうです。手術や抗ガン治療に進むとどういう結果が待っているかわかっていたので、予想はしていたのですがとても辛い現実でした。

体に備わっている自然治癒力が働いて起こる、つまりは治すために現れる発熱や痛み・かゆみ・はれは全て、現代医学では病気と定義されます。現代医学は人の体を総合的に見ず、検査値と症状の部分しか見ていないようです。ガンはどうしてできるのか、どういう働きをしているのか、それらは完全に無視されます。外科手術でガンを取り除き、化学療法の抗ガン治療を行い、最後は放射線治療へと進んでいきます。

体液が弱アルカリ性の時、健康で自然治癒力も働きます。程度の差こそあれ、酸性に偏った時に病気の症状が現れます。最も酸性度が高くなり、このままでは命にかかわるという時にガンができます。その細胞の中に酸性の汚物を包み込んで、血液に流れ出ないようにしているのです。ですから、ガンを小さくしたい時は、体をアルカリ性に持っていくことが必要なのです。麻酔をして体を切るガン手術は体を酸化させます。そして抗ガン剤のシクロホスファミドをはじめ、医療機関が出す全ての薬は石油から作られています。

現代は体が酸化する社会構造になっています。体をアルカリ性にする、塩・醤油・味噌・梅干しを食べて、お腹から体をあたためてください。

薬で体を悪くしていませんか

秋が訪れた蓼科の紅葉は色鮮やかで、目を楽しませてくれます。しかし東京にいるとすっかり日が短くなり、早々と暗くなる窓の外を見ては、今日の仕事を早く終わらせなければと、急かされるような気持ちになります。この季節、何だか気が滅入ってしまいますが、鬱などの精神疾患と呼ばれる病と診断される人が急激に増えています。

嫌なことがあっても気持ちを切り替えて、日々を健やかに暮らしていく気力はどこからくるのでしょう。これは育ち方や教養、根性からくるものではありません。体内に共生している微生物が、気持ちのありようの大半を握っているのです。感情を制御するセロトニンやドーパミンなどの神経伝達物質は、腸内でその元となる物質が作られます。

腸内細菌が九九％を行なっており、脳の働きはわずか一％。腸内が整っていれば、多少の困難に見舞われてもそれを乗り越える気持ちが保たれます。腸内の調和が狂うとやる気がなくなったり、暴力的な行動を起こしやすくなってしまいます。

腸内が乱れる原因は食べ物、それに抗生物質などの薬品といっても過言ではありません。精神医療の現場では医師の問診により病名がつき薬が処方されます。この薬は脳内物質を操作するもので、飲むと一時的にやる気が出ます。しかし微生物と共生して行われる生理作用を狂わせてしまい、治癒するどころかますます症状が悪化してしまうのです。薬も抗生物質も、良いも悪いも体内の全ての細菌を殺します。現代の加工食品の大半は保存料などの添加物が使われており、それらも体内の細菌を殺してしまいます。食肉用の動物は生育段階で多種の抗生物質が使われますが、それらは体内に残留するため抗生物質を接種するのと同等の影響を受けてしまうのです。

しかし逆の視点で考えれば、薬を遠ざけ季節の食べ物を自分で料理をして食べ、衣類で調整して冷えないようにしていれば、高い医療費を払う必要もなく健康でいられます。こんなに簡単で安上がりなことはありません。

生後すぐの赤ちゃんからお年寄りまで、皆薬漬けにされています。病院で医者から「最近眠れていますか?」と訊かれ、眠りが浅いと答えようものなら「お薬を出しておきますね」の声を合図に、無意識のまま薬漬けの生活が始まってしまうのです。それでは何も解決しません。健やかに人生を楽しむには日々の選択が大切です。

体は間違えない

愛犬みかんと暮らし始めた頃、みかんが老齢になる時分には私も老人と呼ばれる年齢になっているので、老々介護にならないように手づくりごはんで元気に育てようと決めました。今まさにみかんは十五歳と九ヶ月、人間でいえば八十歳を越えました。

私は六十七歳になり、行政上の定義では紛れもない老人です。みかんは生後四ヶ月で我が家に来て、一歳まではオーガニックのドッグフードとすりおろしたニンジンなどの野菜を食べて、それからは手作りごはんで育ち、今日まで暮らしてきました。

我が家に来たばかりの小さな頃、プロにシャンプーをしてもらった際に、毛の下の皮膚が全身引っかき傷になり膿《うみ》が出て高熱を出してしまったのと、一度下痢をした以外は、ずっと元気に過ごしていました。

ところが今年の三月に生理があってから、オリモノが続くようになりました。量も多くなり、匂いもイワシの内臓が腐ったような匂いになってきました。これはただのオリモノではないと思い、自然療法の動物病院に連れていくことを決めました。

予約の電話で症状を伝えたところ「それはパイオですね。うちは手術の設備がないので、設備のある病院にすぐに連れって行った方がいいです。膿のために一晩で死んでしまう子もいますから」と言うのです。パイオについて調べてみると、子宮蓄膿症《ちくのう》という病名で、去勢をしていない出産経験のないメスがかかりやすく、高齢になってからホルモンのバランスが崩れ、子宮に膿が溜まる病気とありました。

一晩で死にそうな感じはないのですが、いつも爪を切ってもらいに行く獣医のところへすぐ連れていき、お腹をエコー検査で見てもらいました。子宮に膿は溜まっていないということでしたが三九・六度の高熱で、このままにしておくと数日で亡くなってしまう危険があると言われてしまいました。その獣医もやはりパイオという診断で、手術で子宮を取るか、抗生物質で抑えていくか、どちらかの処置が必要ということでした。

どちらもしたくありませんが、万一のことを考えて抗生物質をもらって帰り、見守ることにしました。機関車のように忙しくハァハァハァとした息遣いでとても苦しそうです。普段は食欲の塊のようなみかんが、何一つ食べようとしません。

このまま自然治癒力に任せていいものか、とても迷いました。しかし、生命のことを研究してきた免疫学者の安保徹氏が「体は間違えない」と力説していたことを思い出し、みかんの体は必要があって膿を出し、熱を出しているのだと強く思うことができました。

ようやく水を飲めるようになり、天然の抗生物質といわれるプロポリスを、ミネラルやビタミンなどの成分もあるはちみつに混ぜて与えたところ喜んで舐めてくれたので、たとえ食べられなくても体力は温存できそうだと、少し安堵しました。夜になると熱は四〇度まで上がり、アイスで首周りや頭を冷やしながら、一晩中見守り続けました。

夜が明け朝になる頃には四〇度もあった熱がすっかり下がり、食欲も戻りました。そして驚いたことに、みかんの被毛がビロードのような滑らかな手触りになっていたのです。人間でいえば、高熱が出たおかげで老廃物が排泄されて、お肌がすっかり綺麗なったということです。心配していたオリモノの匂いも、徐々に少なくなっていきました。

みかんは手作りごはんのおかげで毎日素晴らしいウンチをします。バナナかそれより太くて、量もたっぷりずっしりで、匂いも芳《かぐわ》しく、ベタベタしていません。腸が健康なので、大変な状況も見事に跳ね飛ばしてくれました。

必要があって膿が出ていたのに、子宮を取ったり抗生物質を与えていたら、みかんは今頃どうなっていたでしょう。麻酔薬や抗生物質は、生物が本来持っている生きる力を削いでしまいます。もちろんその対応は、命を救うことになるでしょう。でもそれは根本から治すものではなく、緊急的に処置を行うだけのものなのです。その後には体の自然を取り戻すために、それ以上の対処が必要となります。

悪いところを取り除けば病気は治ると思われていますが、それは大きな勘違いです。現代医学の視点では、体を整えて治すための体の作用を病気といい、それを抑えることを治療といいます。

高齢のみかんの命をかけた頑張りを目の当たりにして、安保徹氏が記していた「私たちの体は決して間違えない。体を守るために正しい反応をする」という言葉の真理をしっかり受け止めていきたいと強く思いました。

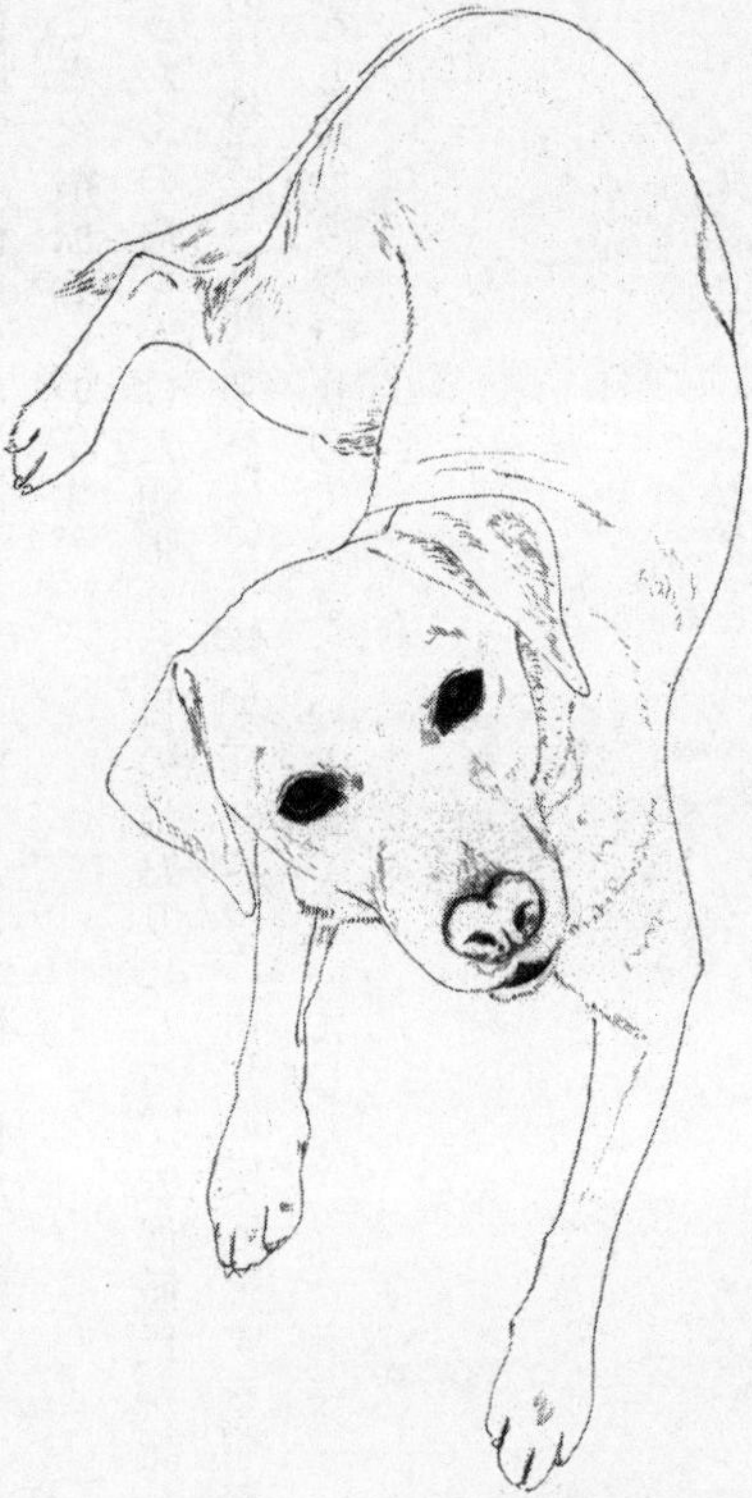

母の入院

東京でも雪が舞った立春の頃、札幌で暮らす母から電話がありました。三十七度強の熱が五日も続いているというのです。それでも本人は至って元気だと言っていて、声の調子もいつも通りでした。

少し前から母は、食事作りが面倒になっていました。ありがたいことに、それを心配した近所に住む友人が時々母の家に顔を出し、随時様子を知らせてくれるようになりました。昨日の報告では、発熱で食欲がなくなったためか母は何も食べておらず、一人にするのはよくない状況であることを教えてくれました。

すぐに飛んで行きたかったのですがどうしても仕事の調整がつかず、親類にお願いして母の元を訪ねてもらいました。彼女の話では、歩いてトイレに行くのも辛そうで、食欲もなくすっかり痩せているというのです。

病院に行きたいかを母に何度も確認したのですが、ずっと拒否していました。

しかし数日後、我慢できないほど辛くなったのか、母の方から私に「病院へ行きたい」と電話がありました。そうして母は、四十年来お世話になっている主治医のところへ行くことになったのです。

しかしその直前、問題が発生しました。病院に行く当日の朝、母は高熱を出したのです。母はコロナにかかったと思い込み、診察の際「高熱が出ていて、コロナになったみたい」と医師に伝えました。その病院はコロナ患者の対応ができないとのことで、急遽別の大きな病院に行くことになりました。

到着すると早速PCR検査が行われましたが結果は陰性で、そのまま診察を受ける運びとなりました。診察の結果、心臓に大きな血の塊があること、肺が炎症していること、腎臓が弱っていることが判明し、治療方針とそれに伴うリスク説明が続きました。心臓の血の塊がいつどこに飛ぶかわからず、血管が詰まり死亡する恐れがあるというのです。その対策として血液をサラサラにする強い薬を使いたいが、ちょっとした内出血で血が止まらなくなる危険があり、さらには酸素マスクをしっかり固定させて装着するため息が苦しくなるというのです。

「治療は大きなリスクを伴いますが、どうしますか？」

「治療は一切しないで、自然にしてください」

以前から母といざという時の話を何度もしていて、本人も治療しないことを了解していました。そのことを医師に伝えると
「お母様はかなりのご高齢なので、ご希望通りにいたします。最低限の栄養と水分を点滴で補給します」

と承諾をもらうことができました。

ところが次の日、仔細な説明をしてくれた医師から連絡が入りました。再びコロナ検査をしたところ、陽性との結果が出てしまったというのです。

「コロナ陽性の結果が出たため、お母様を院内で隔離します」

その報告の際、昨日説明した治療をするかという質問がもう一度ありました。

私は治療せず自然にしてもらうよう、重ねてお願いしました。

それから十日ほどしてようやくコロナ陰性が確認され、主治医のいる病院に転院しました。しかしながら、引き続き母とは面会できず、医師から電話で病状の説明を受けました。

友人にお願いして母の携帯電話を病院へ届けてもらい、やっと本人と会話ができるようになったのは転院から数日後のことでした。電話に出た母の声はすっかり変わっていて、老婆のような話しぶり。もうすぐ九十九歳の母は当然おばあさんなのですが、入院前とはまるで別人でした。

弱り切った母から、こんな言葉が飛んできました。

「みんなに迷惑をかけたくないから、私はこのまま病院で死ぬ」

しばらく電話でのやりとりが続きましたが、母の声色は依然として弱々しいままです。その後、回復に向けてソーシャルワーカーがつくことになり、今後の治療とリハビリについて提案をいただきました。

「お母様は誰かの支えがないと歩けないので、現状一人暮らしは難しいと思われます。つきましては、お泊まりができる小規模多機能施設での介護をお勧めします」

それでも私は、母を一刻も早く退院させて自宅で療養させることを諦めたくありませんでした。

そして嬉しいことに、携帯で会話ができるようになった母の元に、兄弟や友人たちがあたたかい励ましの電話を何度もかけてくれました。

「早く元気になって、お家に帰ってきて！」

その言葉が功を奏したようで、母の話し方が次第にしっかりしてきました。電話の声の変化から、自宅でも十分回復できることを確信した私は入院先に足を運び、直接退院をお願いすることを決断しました。

主治医はもう少し院内リハビリを続けて、次に専門施設でしっかり治癒することを強く勧めました。

「どうしても家に帰らせてあげたいのです」

親しい人たちの声援でようやく元気を取り戻してきたのに、このまま病院にいたら母は弱っていくばかりです。

「そこまで強く望まれるのなら、退院を認めましょう」

主治医は渋々の様子でしたが、ようやっと退院の見通しがたちました。

退院日の数日前に札幌に到着した私は、家の中で動きやすいように整理整頓をし、その日に備えました。退院前日、主治医から病状の説明がありました。

「肺炎はまだ完治していないんです。前の病院でコロナの抗体を作る強い注射をしたのに、変ですね」

主治医の顔をまじまじと見つめながら、黙って話を聞いていました。肺が炎症しているというのは、肺の自然治癒力が発揮されている証拠なのです。前の病院では抗体を作る注射はしておりません。本人は辛いけれど、それは体が回復に向かっている証です。

「タンパク質などの栄養をしっかりとっていけば、まだ長生きできますから。入院中もお母様にこれを飲んでもらいました」

そう言って紙パックに入った栄養剤を私に見せました。食の仕事を通して、多くの人たちが美味しく食べて元気になっていることを体験している私としては、栄養剤でそれらを補完する行為に、ただ呆れるばかりでした。

続いてリハビリ担当から、歩行の様子を撮影した動画を見せながら現状の説明がありました。画面には棚を両手でつかみながらヨロヨロ歩く母の姿が映し出されていました。入院前は一人でしっかり歩き、デイケアの体操教室にも通っていたのに、すっかり衰弱していました。

そして迎えた退院当日。私が荷物をタクシーのトランクに入れている間に、母はもう後部座席に座っていました。タクシー前まで車椅子で連れてきてもらいましたが、私が見ていない隙に車椅子から立ち上がって一人で座ったようなのです。そして家の前に到着した後、自身の力でタクシーから降りて、誰の支えもなく玄関までゆっくり歩き出しました。

少し休憩してから、早速室内で歩行練習を始めました。時々声をかけながら、背中をさすって歩く感覚を呼び覚まします。足元は素足で、廊下の板の冷たさも感じてもらいました。リハビリ担当から一人では歩けないと説明を受けていましたが、退院した日から母は一人で歩くことができました。

その後も練習を続け、みるみる歩けるようになりました。ちゃんと歩けるようになる頃には顔つきも元通りになり、食欲もすっかり戻りました。あのままリハビリ入院を続けていたら、きっと今頃寝たきり老人になっていたでしょう。歩けるようになったものの、もうすぐ九十九歳を迎える母の今後をどうするか、たくさんの課題が残されたままでした。

食べ物で治らない病気は医者でも治せない

母が退院してから二週間、自宅でリハビリをしました。人間本来の体の仕組みに合った動かし方を応用し、母の心身に合った食事を作りました。ご飯を炊いて味噌汁を作り、季節の野菜を使い料理した、ごくあたりまえの食事です。食欲も旺盛で、体はすっかり回復しました。しかし以前と比べて無精になったようで、物忘れすることも多く、このまま一人暮らしをさせるのは正直不安でした。

十年前に父が亡くなって以来、一人暮らしの母のところに毎月通っていました。その度に会う女性が二人います。一人は私の教室に十年以上通っていたみわさん、もう一人は以前母が通っていた体操教室の仲間のみえこさん。一緒にごはんを食べたり、庭の手入れをしたりしているうちに、いつしか三姉妹のような関係が築かれていました。

いつものように皆で食卓を囲んでいる最中、みえこさんからこんな嬉しい提案をいただきました。

「今の介護制度の施設では、人間としての尊厳が守られながら人生を終えるのは難しいと思うの。私が照子さん（母）と一緒に暮らすことで、元気に旅立つことができるのなら、とっても嬉しいな」

今暮らしているマンションはそのまま残しつつ、夜は母を見守ってくれるというのです。自分ができることを人にしてあげたら、回り回って自身の家族が誰かに良くしてもらえると考えて、こんなありがたい申し出をしてくれました。

みえこさんと暮らし始めた翌月、札幌を訪れると母はすっかり元気になっていました。夕食の後、台所に食器や鍋をそのままにして寛いでいると母が洗い物を始めました。少し心配しながらその様子を眺めていたのですが、重たいお鍋も一人でしっかり持ち上げていて、いつしか台所はすっかり綺麗になっていました。その姿を見て、母の心身を思い、心地よく回復できるように熟慮したリハビリメニューを実践して本当に良かったと実感しました。

母の四十日ほどの入院費は十六万円でした。高齢者の負担額は一割なので、国からの補助金と合わせて病院には約百六十万円が支払われるわけです。その内訳を見ると、驚くことに検査費用が大半を占めていました。たとえば、短期間にCT検査が三回も行われていました。元気に回復して退院できたのなら、その金額も理解できますが、退院した時の母は回復どころか入院前より衰弱しており、私は医療の現状に納得できませんでした。

「食べ物で治らない病気は医者でも治せない」

これは古代ギリシアの医師で、医学の祖といわれるヒポクラテスの言葉です。まさに現代にまで通じる人間の心身のシステムを正しく言い当てています。

人間は恒常性というシステムを持っています。恒常性が働き、自然治癒が発動され、熱、痛み、炎症、発疹が現れることで元の健康な状態に戻していくのです。現代人はこれらの体を治すための症状を抑えることを目的に病院に行きます。私にはそれが矛盾としか思えません。自分の体を正しく理解し、食べものと真摯に向き合い、自身に備わっている自然治癒力を信じることが何よりも大切なのです。

意識しない体の使い方

晩秋を迎え、朝晩冷え込む日が多くなってきました。以前ならとっくにぬくぬくあたたかな格好をしていましたが、トレーニングを始めてから着るものも大きく変わりました。ボトムはシルクのスパッツの上に短パンとレッグウォーマー、トップスはノースリーブかフレンチスリーブで過ごしています。寒く感じたら上にウールのベストを重ねます。そして家の中では一年中裸足です。幼少から薬漬けで寒さに弱く、ずっと厚着をして暮らしてきた私としては、とても大きな変化でした。服装が軽くなり、随分と動くやすくなったことを日々実感しています。

子供らしく動き回ることをしないまま大人になってしまい、社会人になってからも時間の余裕がなく、運動をしたいと思いながらも後回しにしてきました。食の仕事を通じて体を整えることの大切さを実感していたのですが、ずっと腰が重いままでした。しかし数年前、いよいよ高齢者と言われる年齢になり「今やらないでいつやるの」と一念発起、パーソナルトレーナーについてトレーニングを始めました。

私がお世話になっているトレーナーは、理にかなったインナーマッスルの使い方を指導しています。始めてまだ数年ですが、体を動かすことが楽しくなってきました。トレーニングを続けることで体が強化されることを体験している最中で、不調の時ほど体を動かした方が治りが早いことも実感しました。

今年からオーストラリア出身の俳優Ｆ・Ｍ・アレクサンダーが百年以上前に発見した心身技法「アレクサンダー・テクニーク」を学び始めました。舞台上で声が出なくなる不調に度々襲われたアレクサンダー氏は、その原因を解明すべく、自身の発話時の姿を鏡に写し観察しました。そして声を発する時、無意識のまま首の後ろを縮め緊張させていたことを発見し、頭部が脊椎の上でバランスが保たれていれば声が楽に出ることに気づいたのです。その発見を元にした、身体を自身で調整する方法が演劇関係者の間で評判となり、それが今日まで続いています。

この技法において一番重要なことは、意識して筋肉を動かしてはいけないという点です。自分の体を感じ、観察をし、思うことのトレーニングをするのです。動かそうとする意識が働くと、無駄な力が入って筋肉が緊張します。動かそうと思うだけで、それが脳から電気信号になって筋肉に伝達されてしまうのです。いざ自身でやってみると、意識しないことがどれだけ難しいかを痛感しました。この技法に基づいた、無駄な筋肉を使わない体の動かし方を学んだことで、私も大きな発見をしました。人間は歳を重ねるから衰えるのではなく、体を正しく使っていないから衰えていくのです。

母が退院した後の自宅でのリハビリで、私はアレクサンダー・テクニークも試しました。手も添えず、ただ声がけをするだけです。

「骨盤・膝・足首全ての関節に隙間があることをイメージしてね。目は先を見て、背中は広く長くのイメージで」

こんなふうに声をかけながら後ろを付いて歩いただけで、母はすぐに歩けるようになったのです。病院の理学療法士から「何かにつかまりながら歩く練習をしてください」と言われていました。しかし母は、何かに頼ることをせず、そして歩くことを意識しないようにしたことで、元のように歩けるようになったのです。

残念ながら現代医療では、人間本来が持っている力を育むことはしません。人間の体と心は素晴らしいシステムを備えています。自分の体と心を解放して、楽しく生きなくてはもったいないと私は思うのです。

年齢は関係ありません

今年の干支は辰。六度目の年女が回ってきました。六月に七十二歳を迎えます。立派な老人期になっている今、これまでの人生で一番体が軽く、精神的にも穏やかに過ごしています。そんな自身を見つめていると、体と心の快適度は年齢とは関係ないと声を大にして言いたくなります。

札幌はこの冬七〇センチもの積雪があり、雪かきしなければ家が埋もれてしまいます。雪かきは好きなのですが、時間が経過して締まった広範囲に及ぶ積雪を前に、少しひるんでしまいました。

厳寒の屋外で作業をしても、雪かきを始めるとすぐに体があたたまり、全身に汗をかくほど体力を使います。力任せにしていては身がもちません。そこで日頃習っている体の使い方を試してみることにしました。

腕と腰には力を入れず、前後の体重移動で雪の塊をスコップで捕らえ、引き寄せ、お腹付近のインナーマッスルを意識して雪を持ち上げます。雪を放る時も腕の力は使わず、うまく体重移動することで疲れずに雪をかくことができます。この方法で膨大な量の雪をかいた翌日、筋肉痛にもならず、体の疲れもありません。固い瓶の蓋を開ける力さえない私でも、正しい体の使い方をすれば重いものを持ち上げることができるのです。

昔の日本人はどうだったでしょう。幕末から明治時代に来日し、日本全国のあらゆる職業の人々を撮影した動植物学者のエドワード・S・モース。彼が残した写真に残る当時の日本人は皆お肌がツヤツヤで、誰もが自信に満ちた笑顔をしていました。当時の風俗を記した記録によると、小柄な女性でも六〇キロもある米俵を四、五俵も担ぎ、飛脚は毎日フルマラソン以上の距離を走っていました。

高齢者と言われる年齢になって、ようやく私は自分の体の動かし方を探求し始めました。その結果、小学校のプール半分ほどの広さにぎっしり七〇センチも積もった雪かきをしても、全く疲れない体の動かし方を会得しました。

小さなところから体の使い方の実験をしてみてください。バッグを持つ時は、手の力を抜いて指は引っ掛けるだけ、腹で持つことをイメージしてください。実際にお腹に力を入れる必要はありません。そうするだけで、今まで余計なところに力が入っていたことがわかります。体を使う時に力を抜くことができるようになれば、自身の体が本来持っている能力にきっと気づくはずです。

もう歳だからと、年歳のせいにしている人は多いと思います。高齢になると体が痛み衰えるのはあたりまえ、歳だから仕方がない。そう思い込まされていますが、それは事実ではないと私は考えています。年齢は関係ありません。自分の体が持つ本当の実力を発揮して、軽やかな心と体を手に入れてください。

母の看取り　一

木々が芽吹き、初々しい若葉が目に嬉しい季節となりました。東京はすっかり葉桜になったのに、南北に長い日本列島、北国はこれからが桜の季節です。札幌は例年より早く桜の開花が宣言されましたが、高台にある母の家の周辺は遅れてピンク色の花を咲かせます。母の家への道中、梅の枝にもうすぐ開花しそうな紅色の蕾《つぼみ》を見つけました。

夕方頃に到着すると母は困惑した表情をしていました。食べ物と飲み物が喉を通っていかず、空腹なのにいくら食べても口の方に上がってくると言うのです。

その日は一旦経過観察することにしましたが、翌日になっても何も喉を通りません。食道あたりをマッサージしましたが一向に改善しませんでした。この状態が続くと脱水症状で数日のうちに命が危うくなることは、人間の生理を考えればすぐに想像ができます。本人はまだ元気があり一人で歩いてトイレに行くこともできましたが、私はあと三日で帰京しなければなりません。

このまま様子を見るという悠長なことも言っておられず、ひとまず現代医療を利用する決断をしました。長期入院してすっかり衰弱してしまった病院には任せたくなかったので、いざという時のためにかねてより目星をつけていた自然派クリニックに連絡しました。通常は予約で数ヶ月待ちにもかかわらず、運よく急遽空きができたとのことで、その日のうちに診てもらえることになりました。

母の下瞼の裏を診るやいなや、医師はこう言いました。

「これは極度の貧血です。すぐに入院してください」

しかしそのクリニックには施設がないので、以前母が入院していた病院に紹介状を書くというのです。その病院で母は長年に渡り血管膨張剤を処方され、先般入院した後はすっかり衰弱してしまったことを医師に伝えました。

「それは血管膨張剤がお母さまの体に馴染んでいるということですよ」

自然派クリニックの医師とはとても思えないことを、平然とした顔で言い放ったのです。昨年春の入院体験以来、母は自らの意思で四十年間服用していた薬をやめて、顔色もすっかり良くなっていました。それなのに、入院すればまた元の木阿弥になってしまいます。しかし、どうしても明日帰京しなければならず、このままにしておくわけにもいきません。断腸の思いで、母を以前入院していた病院へ連れて行く決断をしました。

診察をするにあたり、私の予想通り胸部と腹部をＣＴ検査することが医師から告げられました。

「腸閉塞が原因で食べものが入って行かないことがありますが、それはありませんでした。入院して消化器官を休ませて、点滴をしましょう」

医師からそう言われて、過度な点滴はしないでほしいことを丁寧に伝えました。看護師には、母は歩いてトイレに行っておりオムツを利用していないこと、万一のためにオーガニックコットンの夜用生理ナプキンを用意してきたのでそれを使ってほしいことを伝えました。そして、普段柔らかい流動食は食しておらず、普通の食事をゆっくり噛んで食べていることも紙に書いて渡しました。

入院三日後から電話を繋げてもらえるようになりました。母に具合を尋ねたところ、ほんの少し食べてみるものの、口から出てきてしまう症状には変わりはなく、そんな状態が毎食続いているようなのです。CT検査を受けたばかりなのに三日という短期間にレントゲン検査を二回も受けたそうで、私は被爆の影響を心配しました。さらには、胃カメラ検査をしたいと伝えられたと言うのです。急いで病院に電話をして、胃カメラ検査だけは阻止できました。

このままでは前の入院時と同様、改善どころかすっかり衰弱してしまうことは明白です。早く退院させて自宅でケアしなければ楽に逝かせてあげられないと、あれこれ計画を練りました。

まずは私が東京でお世話になっている、体のねじれを正す整体の今津正美先生に札幌まで来てもらうことを考えました。今津先生に状況を把握してもらい、食道を通すための施術をしてもらえたら、母はきっと良くなるはず。

多忙な中、私の無理なお願いを快諾してくれて、早速日程を調整する運びとなりました。四月二十一日なら訪問できるとのことで、私も東京での仕事を早めに切り上げて十日ぶりに札幌へ飛びました。

一旦病院に入ると様々な縛りがあって、すぐに退院するのは難しいことを前回の母の入院時に嫌というほど痛感しました。退院後にどうケアしていくか計画を立てて、病院のソーシャルワーカー、ケアマネージャーが合意した上でないと退院できないのです。

その時の経験を活かし、自宅でのケア体制を早々に整えるべく、札幌に到着するやいなやあちらこちらに連絡をしました。そして万全のケア体制を整えたことを病院に伝え、異例の早さで退院に向けて動き出しました。

しかしここで母の口から、驚くべき言葉が飛んできたのです。

「私はこの病院でY先生に看取ってもらいたいから、家には帰らない」

昨年の入院の際、当初母はY先生を慕っていました。病院の看護師、リハビリ担当、食事担当、全ての人たちが天使のように母と優しく接してくれました。ナースコールひとつで病室まで飛んで来てくれて、これ以上の安心はありません。

しかし不用な検査の連続と、大量の投薬で、退院する頃にはすっかり衰弱していました。生命との向き合い方となると、その姿勢は百八十度違う顔を見せてしまうのです。その事実が残念でなりませんでした。

退院後に薬をやめて、私が提案したリハビリプランですっかり元気を取り戻したことでようやく目が覚めて

「Y先生も他の人と同じ、お金のために長期治療させたい、ただの医者ね」

と言っていた母が、すっかり元に戻っていたのです。

「病院で逝《い》くってお母さん、それはないでしょう。家で猫のさばとに看取られて逝くって言ってたのに」

すぐに迫る問題として、家に戻らない限り、はるばる東京から札幌まで出張してくれる今津先生に診てもらうことができません。その日から母を説得するために毎日病院へ通ったものの、気持ちは一向に変わることはありませんでした。

今津先生が札幌に来る日が近づいていましたが、母は依然として家に帰るとは言ってくれず、このままでは絶対に間に合いません。入院したままでは今津先生に診てもらうことは不可能です。そこで苦肉の策として、外泊を申し出ることを思いつきました。早速病院に尋ねたところ、医師と本人が承諾すれば外泊許可が下りるといいます。是が非でも二人を説得するしか方法はありません。

「明日のお昼までに結論がでなければ、外泊は許可できません」

看護師長から最終通告があった日、私は母に手紙を書いて手渡しました。手紙には、小さい頃に虚弱だった私の世話をしてくれたことへの感謝、父から嫌味を言われながらも自分の仕事を続けた母への尊敬の念、在宅医療も保険が適応されるためそんなに費用がかからないことを真摯に綴りました。

手紙を一読した母は静かに

「わかった、帰る」

と言ってくれたのです。私の思いが伝わりホッとしたのも束の間、自宅療養ができる環境を早急に準備しなければなりません。早速ケアマネジャーに連絡して、明日までに何とか介護用ベッドを用意できないかと、無理な相談しました。すると「いいレンタル業者を知っていてすぐに対応できます」という嬉しい返答をいただくことができました。翌日、無事に介護用ベッドが家に運び込まれ、これで準備万端です。

全ての準備が整った次の日、介護タクシーで母を病院まで迎えに行きました。こうして、東京から今津先生が札幌に来る前日ギリギリで、どうにか母を家に連れ戻すことができたのでした。

忙しい最中、今津先生は二日に渡り母を施術してくれました。

「あ～本当に気持ちが良い。あなたの手から何か出ているの？」

施術中、母は今津先生に何度もこう言ったそうです。

食道がよじれて塞がっている部分が治るように、体全体を整えてくれました。施術を終えた今津先生から、食道のよじれは改善されたけれど母のエネルギーは確実に下降していて、命が終わりに向かっている事実を告げられました。

心地よく今津先生の施術を受けながら、二泊三日の外泊を終えた母は再び病院へ戻りました。その翌週退院が正式に認められて、ようやく自宅に帰ってきました。退院した日に、在宅医療クリニックの医師、点滴などを担当してくれる看護師、ケアマネジャーを含めた総勢八人で今後の方針を確認しました。自然に楽に終わりを迎えられる体制をお願いして、いよいよ自宅でのケアが始まりました。

退院直後は白い舌苔がひどかった母も、吐き気止めの薬と栄養剤をやめてほどなくしてきれいな舌になってきました。あんなに吐き戻していたのに、今津先生の施術から一週間ほどでそれがなくなり、随分楽になったようです。水とりんごジュースをゆっくり飲ませたところ、ずいぶんと食道を降りていくようになりました。帰宅後一週間は食道の粘膜らしきピンク色の吐き戻しがあったのですがそれもすっかり治まり、私もようやくほっと一息つくことができました。

排泄はベッド横のポータブルトイレで済ませ、漏らすことなくきちんとできました。しかし長い間飲み食いが全くできなかったこともあり、足腰が弱って立ち上がったり座ったりする時に介助が必要となっていました。

仕事のため東京に戻らなければならない日が迫っていましたが、幸い義姉が新潟からピンチヒッターとして来てくれることになりました。そして東京での仕事を終えると、すぐさま札幌へ戻って来ました。

私が不在にしている間、血管に針が刺さらなくなったことをきっかけに点滴もやめ、口からのわずかな水分補給で経過を見守るようになっていました。母の様子を一目見て、エネルギーが下降していることが手に取るようにわかりました。しかしそれでも、母はとても穏やかな顔をしていて、退院させて良かったと強く思いました。

ベッド脇のポータブルトイレへの移動が辛いと母が訴えたため、オムツをすることになりました。直接肌があたる部分はオーガニックコットンの夜用ナプキンをして、その上に高分子吸水剤の部分オムツをつけました。いつオシッコをしてもいいのに、必ず私を呼んで確認してから用を足すので、すぐに取り替えることができます。

今津先生の施術のおかげで、ごく少量ながら水とりんごジュースが喉を通るようになりました。スプーンでひと匙ずつスープを口に運ぶと、母は美味しそうにそれを飲んでくれます。しかし塩気を摂取する機会が全くないので、塩に植物や海藻の炭化抽出粉末を加えた塩スープのもとを小瓶に入れ、それを指につけて舐めてもらいました。量にすると耳かき三、四杯ほどです。人間が一日に必要とする量を考えると微々たるものですが、それでも自分の口から摂取してもらうことを諦めませんでした。

母は水もりんごジュースもキリリと冷えたものを所望し、それを嬉しそうに飲んでいます。これでは腸内細菌のバランスが崩れてしまいますが、本人がそれを望み、心の底から美味しいと感じているため希望通りにしました。固形物は何も口にできず、水とりんごジュースだけの日々。末期ケアにおいて、本人の求めるものを否定しないことも重要だと思うのです。

いつものようによく冷えたりんごジュースを少し口にするも、すぐに吐き出してしまいました。それ以降、あんなに好きだったりんごジュースをほしくないと言い、ストローで飲んでいた水も吸うことが困難になりました。

朝晩の口腔ケアは、スポンジ歯ブラシに多めの水を含ませて行いますが、それもままならなくなりました。水分を全く受け付けなくなってしまい、どうしたものかと思案していたところ、看護師が口腔ケア用ジェルを提案してくれました。うがいができない人のために開発された、水を使わない口内掃除用のジェルです。

それを口内と唇に塗ると、さっぱりすると母は喜んでくれました。

自力では寝返りができず床ずれがひどくなってきたため、介護ベッドのマットレスを、電動で動き床ずれを緩和するタイプに交換してもらいました。尾てい骨のあたりが痛いと訴えていましたが、電動マットレスのおかげで少し楽になったようです。

在宅医療の医師の往診日、昨日のバイタルチェックでは正常だった数値が急変しました。医師は、母の心臓は百メートル走を常に全速力で走っているのと同じ状況にあることを説明し、帰り際の玄関先で私にこう告げました。

「もって一週間程度かと思われます」

眠る前、母の胸と股を蒸しタオルであたためていました。その度「はあ〜気持ちいい！」と明るくほっとした表情をするのです。それを思い出し、医師が帰った後すぐに指先が紫に変色してきた手と足に蒸しタオルを当てました。声は出せないものの母は気持ち良さそうにしています。

夕方、ケアマネージャーが母の元を訪れました。彼は指先が紫色に変色した母の手を優しく握りしめ、目を見ながらゆっくり話をしてくれました。

その日の就寝前、母の耳元で「寝るからね」とささやくと、コックリとうなずいて返事をしました。少々太り気味の愛猫さばとはどっかとベッドに陣取り、母の足元で寝ています。

未明、さばとが二度に渡り長い鳴き声を上げました。こんな鳴き声を出したことは、私が知る限りこれまで一度もありません。気になって様子を見に行くと、さばとの隣で母は穏やかな顔で眠っているようでした。しかし、その顔があまりにも静謐《せいひつ》をたたえているのです。鼻の下に指をかざすと息をしていません。時計を見ると午前四時。窓の外から薄紫の淡い光が差し込んできて、母とさばとを包んでいます。

ここ数年、私はずっと母にこう言っていました。

「さばとに看取られて逝くのよ。病院で最期は迎えさせないから」

その約束を果たし、清らかな顔で母は逝きました。九十九歳九ヶ月二十五日の美しい最後でした。こうして、まだ雪深い早春に始まった母の終活は、ようやく新緑の季節を迎えた晩春の早天に終焉を迎えました。

あのまま大きな病院にいたら、母はこんなに穏やかな美しい顔で、そして頭脳も明瞭なまま旅立つことは叶わなかったでしょう。床ずれで辛く医師からモルヒネを使うことを提案された時でさえ、母は首を横に振るばかりでした。その心臓が全力疾走していても、母は最後まで自身の力だけで命を燃やし尽くしたのです。

ほとんど口にすることができない中、肉体としての機能を最大限に使い切り、苦しむことなく旅立ったと、母の清らかな姿を見て確信しました。脱水状態だったのにもかかわらず、顔にはしわがほとんどなかったのですから。看護師たちは母の美しい肌を見て、とても百歳とは思えないと驚いていました。

数年前から母と葬儀について相談していました。母の希望通り、自宅で無宗教の音楽葬を執り行いました。ピアノの演奏が流れる中、庭に咲いた満開の牡丹《ぼたん》の花を母の棺におさめました。その牡丹は祖母から受け継いだものです。牡丹の花に囲まれた母は幸せそうでした。

生きている限り、肉体という器にいる限り、その大元となる食べ物から将来が作られます。それは誰かに委ねるものではなく、自身で選び取るものです。今日一日を大切に生きること、それは正しい食べ物を選択していくことです。幸せな最期を迎えることができるかはそれにかかっています。母を自宅で看取ったことで、私はその思いを新たにしました。

おわりに

教室では私を先生と呼ぶことをNGにしています。それは、私自身が経験したり感じたことを皆さんにお伝えしているだけで、指導はしていないからです。しいて言えば、皆の手引きをしているだけ。一人ひとり体も生活スタイルも違うので、私がよいと思うことを一から百までマニュアルにしても、万人にぴったりはいかないと考えているからです。

ある時、教室で七種類の塩を味見するきき塩をしました。好きな塩はどれか、苦手な塩はどれかをメモしてもらいましたが、それぞれ違う結果になりました。海塩といっても海域や製法で塩の結晶の中に含まれるミネラルのバランスが違うのです。ある人はマグネシウムがたっぷりの塩を美味しいと感じ、別の方は同じ塩を苦く感じるのは、各々がその時々に必要な食べ物を美味しいと感じるようになっているから。これはとてもありがたい味覚センサーです。そして美味しいと感じたマグネシウムがたっぷりの塩も、それが満ち足りている時に味わうと違う結果になるでしょう。こんな塩梅ですから万人向けのマニュアルはないのです。

私の教室はたべるクリニックとも言われています。それは料理を勉強するつもりで通っているうちに、体が健康になり、不調が改善するからです。短い期間で改善する人も、数年かかる人もいますが、皆必ずよい方向に向かっていきます。

体は口から入ったものからしかできていません。それは絶えず入れ替わっています。だから、あたりまえの食べ物で体が改善されるは当然のことなのです。今日普通に暮らしていると、あたりまえの体を育む食べ物を手に入れることは容易ではありません。急に全部は無理でも、できることから少しずつ始めてください。

日々口にする食事は、将来の健やかな暮らしへの貯金になります。七十歳になるというのに、こんなに健康でいられるのは食べ物のおかげだとつくづく思うのです。あたりまえの食べ物にたよると体は必ずこたえてくれます。この本が皆さんのそばにあって、たべるクリニックのヒントになることができれば幸いです。

イラストレーション　服部あさ美
題字　たなか れいこ
編集・デザイン　藤原康二
協力　食のギャラリー612

参考文献

『料理の四面体』玉村豊男　中央公論新社
『日本大歳時記』講談社
『かんたんで経済的！愛犬のための手作り健康食』須藤恭彦　洋泉社
『不耕起でよみがえる』岩澤信夫　創森社
『究極の田んぼ』岩澤信夫　日本経済新聞出版社
『食品の裏側』安部司　東洋経済新報社
『ホットカーペットでガンになる』船瀬俊介　五月書房
『あぶない電磁波！』船瀬俊介　三一書房
『クスリは飲んではいけない！？』船瀬俊介　徳間書店
『水と塩を変えると病気にならない』新谷弘実　マガジンハウス
『なぜ、「これ」は健康にいいのか？』小林弘幸　サンマーク出版
『なぜ「牛乳」は体に悪いのか』フランク・オスキー　東洋経済新報社
『老けない人の免疫力』安保徹　青春出版社
映画『キング・コーン　世界を作る魔法の一粒』
アーロン・ウルフ 監督　紀伊國屋書店

本書はたなかれいこ著『たべるクリニック 新装版』（2019年出版）、『食べると暮らしの健康の基本』（2013年出版）を底本とし、書き下ろし原稿を加えて新たに編集した改訂文庫版である。

たなか れいこ

「食のギャラリー612」代表。1952年神戸生まれ札幌育ち。CMスタイリストとして活動後ニューヨークに遊学。滞在中自然食に興味を持ち、帰国後30歳でケータリングサービスを始める。レストラン運営を経て「たなかれいこのたべもの教室」を始動。1999年から長野県蓼科高原で無農薬・無肥料・不耕起で野菜を育てる「612ファーム」を始め「畑と森のたべもの教室」も開催。現在は東京・蓼科・札幌の三地域を拠点に活動。あたりまえの美味しく楽しい食を通じ、自然に沿った心地よい暮らし方を提案している。

たべるクリニック　改訂文庫版

2024年6月12日　初版第1刷

著者　たなか れいこ
発行者　藤原康二
発行所　mille books（ミルブックス）
〒166-0016　東京都杉並区成田西1-21-37 # 201
電話・ファックス　03-3311-3503
発売　株式会社サンクチュアリ・パブリッシング
（サンクチュアリ出版）
〒113-0023　東京都文京区向丘2-14-9
電話　03-5834-2507　ファックス　03-5834-2508
印刷・製本　シナノ書籍印刷株式会社

落丁・乱丁の場合はお取り替えいたします。
定価はカバーに記載してあります。

　Printed in Japan　ISBN978-4-910215-18-1 C0177